Respaldos para *Sigue el llamado*

Sigue el llamado es un curso magistral de fidelidad al evangelio y obediencia al llamado de Dios. Rob Millman y Tim LaFleur no solo escriben sobre el ministerio, sino que lo viven. Este libro es a la vez una guía y un estímulo para cualquiera que está luchando con entender si ha sido llamado al ministerio vocacional. Repleto de perspectivas bíblicas, sabiduría práctica y testimonios inspiradores, es una lectura imprescindible tanto para líderes emergentes como para pastores experimentados. Es un oportuno recordatorio de que la mies es abundante y los obreros deben estar listos. Este libro te capacita para responder al llamado con claridad, valentía y humildad cristiana.
— **Shane Pruitt**, director nacional de *Next Gen* para la Junta de Misiones Norteamericana y autor de *Calling Out the Called* (Llamado a los llamados)

Todo cristiano tiene el mandato de Dios de hacer discípulos en todas las naciones, pero algunos son llamados al ministerio vocacional de tiempo completo. Comprender la diferencia entre ambos puede ser difícil de discernir. Rob Millman y Tim LaFleur ofrecen una guía para quienes están «navegando» en las aguas de un llamado al ministerio. *Sigue el llamado* guía al lector a través de testimonios de personas llamadas al ministerio, ofreciendo décadas de experiencia ministerial y herramientas para ayudar a determinar si uno está llamado al ministerio vocacional.
—**Robby Gallaty**, pastor de la Iglesia Long Hollow y autor de *Growing Up* (Crece) y *Replicate* (Replícate)

Sigue el llamado es un recurso valioso para ayudar a discernir el propio llamado al ministerio y para los líderes de la iglesia que afirman este llamado. Impulsado por la urgencia de hacer discípulos de Jesucristo y repleto de herramientas prácticas para capacitarse en esta tarea santa, este libro es una lectura imprescindible para los hombres de nuestra generación y para aquellos que están formando a la siguiente.

—**Tony Merida**, pastor fundador de la Iglesia Imago Dei en Raleigh, Carolina del Norte, vicepresidente de Desarrollo de Plantadores de Send Network y miembro de la junta directiva de Coalición por el Evangelio

Rob Millman y Tim LaFleur ofrecen guía bíblica y consejos prácticos para ayudar a los hombres a saber si Dios los está llamando al servicio cristiano vocacional. También ofrecen consejos sabios y ayuda práctica a pastores, estrategas de misión asociativa y otros en el ministerio para ayudarlos a seguir el llamado de Dios en sus vidas.

—**Dr. Ray Gentry**, presidente/director ejecutivo de la Conferencia Bautista del Sur de Líderes Asociativos

Sigue el llamado de Rob Millman y Tim LaFleur es una obra sumamente práctica y poderosa. Es muy necesaria para todos aquellos que desean comprender el plan de Dios para su vida y prepararse para él. Este libro único también ayuda a pastores y mentores a ministrar de manera más eficaz a quienes son llamados.

—**Dr. Dave Earley**, profesor asociado de Liderazgo Pastoral y Evangelismo, Universidad Liberty

La iglesia anhela la próxima generación de hombres llamados y preparados para el ministerio. Adondequiera que vamos, escuchamos a líderes nacionales hablar de «llamar a los llamados», pero ¿qué significa eso? Rob Millman y Tim LaFleur han desarrollado un proceso intencional para ayudarnos a formar una nueva generación de líderes. Ya sea que estés luchando personalmente con el llamado de Dios, o que pastorees una iglesia y estés buscando los fundamentos para identificar y desarrollar futuros líderes, este libro es para ti. Sus perspectivas bíblicas y prácticas te brindarán las herramientas que necesitas.

—**Dr. Leo A. Endel**, director ejecutivo de la Convención Bautista de Minnesota-Wisconsin; pastor principal de la Iglesia Bautista Emmanuel, Rochester, MN, y profesor adjunto de Liderazgo Doctoral del Seminario Teológico Bautista del Medio Oeste.

Inspirador, práctico y esencial. *Sigue el llamado* es un recurso oportuno y muy necesario que refuerza el claro mandato bíblico de formar hombres que lideren el avance del reino de Dios a través de la iglesia local. Rob y Tim ofrecen una guía bíblicamente fundamentada, intensamente práctica y profundamente inspiradora para pastores y asociaciones que buscan identificar, equipar y empoderar a quienes son llamados al ministerio evangélico. Con una sólida exposición bíblica, sabiduría experimentada y consejos prácticos relevantes, ofrecen una guía para el desarrollo colaborativo del liderazgo. Este libro es una herramienta invaluable para pastores y líderes ministeriales, capacitándolos para abordar el desarrollo del liderazgo con claridad, confianza y un renovado sentido de propósito. Lo recomiendo ampliamente a quienes están comprometidos con fortalecer el futuro del ministerio evangélico a través del discipulado y la tutoría intencionales.

—**Bob Bickford**, director ejecutivo de la Asociación Bautista de Nashville

SIGUE
el LLAMADO

Rob Millman y Tim LaFleur

Sigue el llamado: Para los que aspiran al ministerio cristiano y para los pastores que entrenan a líderes emergentes
(El título original en inglés es *Follow the Call: For Those Aspiring to Christian Ministry and Pastors Mentoring Emerging Leaders*.)

© 2026 Rob Millman and Tim LaFleur
Todos los derechos reservados.

ISBN 979-8-218-90008-3

Visionary Voices Press
Nashville, TN

Traductora y editora: Alma Edith Varela (almatranslatorandeditor@gmail.com)

Impreso en los Estados Unidos de América.

Los textos bíblicos que no especifican otra cosa fueron tomados de la Santa Biblia Nueva Versión Internacional (Colorado Springs, CO: Sociedad Bíblica Internacional, 1984, 2011). Usada con permiso.

Los textos bíblicos con la abreviación LBLA fueron tomados de La Biblia de las Américas (La Habra, CA: The Lockman Foundation, 1986, 1995, 1997). Usada con permiso.

¿Pero cómo pueden ellos invocarlo para que los salve si no creen en él? ¿Y cómo pueden creer en él si nunca han oído de él? ¿Y cómo pueden oír de él a menos que alguien se lo diga? ¿Y cómo irá alguien a contarles sin ser enviado? Por eso, las Escrituras dicen: «¡Qué hermosos son los pies de los mensajeros que traen buenas noticias!».

—Romanos 10:14-15, NVI

Contenido

Prólogo 11
Prefacio 15
Introducción 17
Peticiones de oración 19
Nuestros testimonios de llamado al ministerio 21

Sección 1 La lucha contra el llamado al ministerio 25
Parte 1 ¿Soy llamado? 27
Parte 2 Dónde está trabajando Dios 39
Parte 3 Próximos pasos mientras esperas 49

Sección 2 La vida de Timoteo y lecciones de liderazgo ... 59
Un estudio sobre alguien que fue llamado 61

Sección 3 Mentoría de líderes emergentes 73
Parte 1 Cómo relacionarse con un hombre a quien Dios puede moldear 75
Parte 2 Mentoría de líderes emergentes 87
Parte 3 Haz que tu inversión valga la pena 95
Parte 4 Llamado intencional a las generaciones más jóvenes... 103

Sección 4 Caja de herramientas del ministerio 107
Introducción 109
Parte 1 Testimonios del llamado al ministerio 111
Parte 2 Sermones del llamado al ministerio 127

Consideraciones finales... 157
Apéndices.. 159
Palabras finales 177
Sobre los autores 179

Prólogo

Hershael W. York
Decano de la Facultad de Teología
Seminario Teológico Bautista del Sur

Tan solo tres años después de comenzar mi camino con Cristo, sentí un movimiento del Espíritu Santo, un llamado definitivo de Dios en mi vida. Aunque no podía comprender todo lo que significaba, tenía una idea de sus implicaciones. Después de todo, nací en el hogar de un pastor. Había presenciado la incesante exigencia del estudio y la preparación de sermones, las constantes peticiones para visitar y orar con los enfermos y ancianos, y las noches tranquilas y sombrías en la casa pastoral después de una polémica reunión de negocios de la iglesia.

Sin embargo, el mayor obstáculo que me disuadía no era ninguno de esos desafíos ni el miedo al ministerio en sí. Temía un impedimento mucho más imponente y temblaba ante una dificultad más profunda y abrumadora que cualquier otra que hubiera visto en las responsabilidades de mi padre. Me intimidaba tanto un solo asunto que me preguntaba si era apto para el ministerio y si alguien creería que Dios realmente me había llamado.

Mi gran problema era que solo tenía diez años.

¿Quién creería que un niño de diez años había sido realmente llamado por Dios, apartado para servir a la iglesia y predicar la Palabra? No estaba seguro. Pero a pesar de lo consciente que estaba de cómo se veía esto y de mis muchas dudas, tenía una compulsión interior que me ardía y que no podía reprimir ni ignorar. Cada vez que escuchaba la Palabra predicada sentía la necesidad de declarar públicamente que Dios me había llamado y que yo le había respondido. Aun así, temía lo que todos —especialmente mi padre— dirían de un niño que afirmaba que Dios lo había llamado al ministerio.

Finalmente, una tarde ya no pude callar más. Tuve que desahogarme con mi padre y conocer su opinión al respecto. Un jardín se extendía entre la casa parroquial y la iglesia, y aún recuerdo, mientras caminaba junto a este jardín, cómo sentí que el corazón se me salía del pecho. Al entrar en la iglesia y luego en el estudio de mi padre, lo vi sentado en su escritorio escribiendo el esquema de un sermón en su IBM Selectric, colocada sobre una mesita auxiliar, con la Biblia abierta y los libros desplegados sobre el escritorio metálico.

Me quedé en silencio, esperando a que mi padre dejara de trabajar y levantara la vista, pero cuando lo hizo, seguí sin decir nada, lo cual le pareció inusual.

«¿Qué pasa?», preguntó, reconociendo fácilmente que algo me preocupaba.

«No sé cómo decir esto», comencé. «Sé que la gente dirá que solo lo hago porque eres mi padre. Sé que dirán que solo soy un niño y que no sé de qué hablo. Sé que parece raro... pero...».

«¿Qué?», preguntó después de esperar pacientemente y darse cuenta de que necesitaba ayuda. «¿Qué pasa?».

«Papá», dije, con la voz entrecortada y esforzándome por pronunciar las palabras sin sacar mucho aire de mis pulmones, «creo que Dios me está llamando a predicar».

Estaba seguro de que su respuesta iría en una de dos direcciones. O me diría que no me preocupara por lo que pensaran los demás, o me diría que respondiera al llamado interiormente, pero que esperara un poco para estar seguro. No estaba seguro de cuál de estas respuestas me diría, ni de cuál quería yo que dijera.

Entonces me dio quizás el mejor consejo que he recibido.

«Hersh», dijo, si Dios te llama a los diez años, debes decir que sí a los diez. Habrá tiempo de sobra para que Dios confirme su llamado, lo refine y te muestre los siguientes pasos. Pero por ahora, simplemente acostúmbrate a decirle que sí a Dios. Lo que sea que Él requiera, cueste lo que cueste, en cuanto te lo revele, simplemente dile que sí a Dios.

Fue el mejor consejo posible para un niño de diez años que luchaba con un llamado que no podía comprender, y ha demostrado ser el consejo correcto para cada etapa de mi vida y cada obra de Dios desde entonces. Esa tarde decidí que simplemente le diría «sí» a Dios y dejaría que Él me revelara los detalles a su debido tiempo y de la manera que Él decidiera. Cuando tenía dieciocho años y estaba en primer año de universidad, revisé esa decisión y la confirmé una vez más. He disfrutado de una vida de ministerio y de comunión con Cristo, así como de décadas de capacitar a otros para el ministerio y el servicio al Señor.

Ese consejo que mi padre le dio a su desconcertado hijo ha sido un estímulo invaluable, mi compromiso fundamental y la postura de mi corazón desde entonces, pero también ha sido el consejo que he compartido con miles de personas, especialmente cuando han luchado con la pregunta de si Dios las está llamando al ministerio y a qué forma específica de servicio a Cristo.

Sin embargo, por muy bueno que siga siendo ese consejo, me doy cuenta de que incluso las personas comprometidas a decirle que sí a Dios en todo lo que les pide, a menudo tienen dificultades para comprender qué les pide específicamente. Por eso estoy tan agradecido con Rob Millman y Tim LaFleur por brindar una herramienta tan estimulante y esclarecedora para quienes podrían estar luchando con la duda de si Dios los está guiando o cómo lo está haciendo. Empapado en las Escrituras, lleno de ejemplos útiles y principios comprobados, este es el tipo de libro que Dios puede usar para ayudar a toda una generación a encontrar su lugar en el ministerio.

El camino para discernir el llamado de Dios al ministerio es profundo y profundamente personal, pero no debe separarse de la influencia piadosa de otros creyentes fieles. Puede estar lleno de introspección, oración e incluso incertidumbre, pero también debe someterse a un sólido consejo bíblico y a los patrones de cómo Dios ha obrado en la vida de otros.

En este volumen sumamente útil, Rob y Tim han ofrecido perspectivas profundas y herramientas elegantemente sencillas para responder a las preguntas difíciles y preparar a los cristianos que buscan la misión divina que les espera. Comparten sabiduría, perspectivas bíblicas y anécdotas personales que iluminan el proceso de discernimiento. Además, ofrecen sugerencias claras para que líderes cristianos y creyentes maduros guíen a otros en el proceso de discernir el llamado de Dios, determinar su voluntad y entregarse a su Espíritu. Su enfoque práctico y perspicaz ayudará a cualquier persona, de cualquier edad, que se pregunte si Dios podría estar apartándolos para el servicio.

En un mundo de distracciones e incentivos para una vida egocéntrica, escuchar e interpretar la voz de Dios se convierte en una búsqueda sagrada. Afortunadamente, este libro es una guía para quienes se encuentran en una encrucijada, anhelando comprender si el Rey los ha escogido para un servicio especial en su reino. Confío en que estas páginas ayudarán a quienes las lean a comprender la bendición que les espera a quienes simplemente dicen «sí» a Dios.

Prefacio

Al día siguiente, Juan estaba otra vez allí con dos de sus discípulos. Al pasar Jesús, Juan lo miró y declaró: «¡Miren! ¡Ahí está el Cordero de Dios!». Cuando los dos discípulos de Juan lo oyeron, siguieron a Jesús. Jesús miró a su alrededor y vio que ellos lo seguían.
—¿Qué quieren?—les preguntó.
Ellos contestaron:
—Rabí (que significa «Maestro»), ¿dónde te hospedas?
—Vengan y vean—les dijo.
Eran como las cuatro de la tarde cuando lo acompañaron al lugar donde se hospedaba, y se quedaron el resto del día con él.
Andrés, hermano de Simón Pedro, era uno de estos hombres que, al oír lo que Juan dijo, siguieron a Jesús. Andrés fue a buscar a su hermano Simón y le dijo: «Hemos encontrado al Mesías» (que significa «Cristo»). Luego Andrés llevó a Simón, para que conociera a Jesús. Jesús miró fijamente a Simón y le dijo: «Tu nombre es Simón hijo de Juan, pero te llamarás Cefas» (que significa «Pedro»).

—JUAN 1:35-42

En el primer capítulo del Evangelio de Juan, aprendemos que Andrés fue el primer discípulo en seguir a Jesús. Compartió con su hermano: «Hemos encontrado al Mesías», y lo animó a escuchar a Jesús. Al día siguiente, Jesús encontró a Felipe y le dijo: «Sígueme». Felipe compartió con Natanael sobre Jesús, y cuando lo conoció, Natanael creyó que Él era el Mesías. Más tarde, Jesús llamó a Mateo simplemente diciéndole: «Sígueme», como lo narra el Evangelio de Mateo: «Al irse de allí, Jesús vio a un hombre llamado Mateo, sentado a la mesa de recaudación de impuestos. "Sígueme" —dijo Jesús. Y Mateo se levantó y lo siguió» (Mt 9:9).

Las Escrituras, desde el Antiguo hasta el Nuevo Testamento, proporcionan muchas imágenes de hombres y mujeres que siguieron el llamado de Dios en sus corazones. Abraham en el desierto conversó con Dios, y sus palabras («aquí estoy») fueron repetidas por Jacob en respuesta a una visión, por Moisés en la zarza ardiente y por Ananías antes de encontrarse con Saulo en Damasco. Isaías también respondió al Señor diciendo: «Aquí estoy. ¡Envíame a mí!» (Is 6:9).

Y tú ¿cómo responderás?

INTRODUCCIÓN

Este libro trata sobre aquellos que sienten el llamado de Jesús a seguirlo, para amar y servir a los demás. Como autores del libro, tenemos un deseo imperioso de compartir de Jesús con todos. Tenemos una verdadera carga por los perdidos, y nuestro deseo más profundo es que aquellos que conocen a Jesús se desarrollen y crezcan hasta convertirse en discípulos maduros que hagan más discípulos.

Este libro está escrito para aquellos hombres que sienten un llamado al ministerio —los sensibles a comprender el plan de Dios para su vida—, a fin de compartir con ellos lo que hemos aprendido sobre el discernimiento y sobre los siguientes pasos a tomar. Este libro asimismo está escrito para aquellos que ya participan en el ministerio, para alentarlos a discipular, liderar y desarrollar a líderes emergentes.

Queremos ayudar a los llamados y a sus pastores a encontrar respuestas proporcionando una plataforma y herramientas que fomenten el crecimiento espiritual tanto para los recién llamados como para los que ya han aceptado el llamado. A lo largo de la era de la iglesia, siempre ha habido una necesidad urgente de levantar hombres para que se conviertan en líderes, y lo mismo sigue siendo cierto en este tiempo. Por eso el presente libro está escrito para proporcionar conocimiento y pasos prácticos que sean útiles en el avance de la causa de Cristo al comprender el concepto del llamado.

Este libro se compone de cuatro secciones. La primera está dedicada al hombre que está discerniendo el llamado al ministerio. Queremos que las partes de esta sección proporcionen una visión clara de lo que implica luchar con el llamado de Dios en el corazón. También proporcionamos una descripción general y ejemplos de dónde los hombres pueden servir, así como los próximos pasos que tienen que dar, porque un llamado al ministerio es un llamado a prepararse.

Casi a la mitad de este libro, como segunda sección, incluimos un estudio acerca de Timoteo y cómo honró a Dios con su vida. La tercera y cuarta secciones están dedicadas a ayudar a los pastores para que guíen a líderes emergentes. Estas secciones se basan en los más de cuarenta años de experiencia de Tim LaFleur en hacer discípulos, levantar líderes y animar a otros. Cada parte en estas secciones nos lleva a reflexionar sobre la importancia de invertir en los hombres, así como de nutrir y desarrollar relaciones con el fin de guiar a nuevos líderes en la iglesia.

La idea de este libro nació de nuestro profundo deseo de hacer crecer la iglesia ayudando a los hombres a seguir el llamado de Jesús. Tal como nosotros lo vemos, hay tres tipos de llamado: primero, el llamado a la salvación; segundo, el llamado a la santificación y al servicio, y tercero, el llamado al ministerio vocacional. El alto llamado al sacerdocio se remonta a la época de Aarón en Éxodo 4, cuando Dios le pidió que hablara al pueblo. Algunos pueden decir que el llamado existe incluso desde antes, desde el tiempo de Melquisedec. Pero una cosa sí es segura: Jesús es nuestro ejemplo como Gran Sumo Sacerdote. La razón de nuestra fe es el ejemplo que dio con su vida aquí en la tierra y el sacrificio que hizo para pagar por nuestros pecados; además, su resurrección para pronunciar la victoria sobre la muerte y el infierno nos proporciona evidencia y razón para proclamar a Jesús como Señor.

Más que nunca, necesitamos pastores piadosos que fomenten el discipulado activo, que sean intencionales en levantar hombres para ser líderes y que caminen junto a aquellos que son sensibles al llamado del ministerio. También necesitamos que aquellos hombres que sientan el llamado de Dios en sus vidas no lo eludan, sino que lo disciernan activamente, oren por guía y se acerquen a sus líderes para que les indiquen qué pasos seguir y determinen si su llamado es genuino, como el del profeta Isaías, quien dijo: «Entonces oí la voz del Señor que decía: —¿A quién enviaré? ¿Quién irá por nosotros? Y respondí: —Aquí estoy. ¡Envíame a mí!» (Is 6:8).[1]

---

[1] A menos que se indique otra versión, los textos bíblicos fueron tomados de la Santa Biblia Nueva Versión Internacional (Colorado Springs, CO: Sociedad Bíblica Internacional, 1984, 2011). Abreviada como «NVI». Usada con permiso.

Peticiones de oración

En cada generación, la iglesia necesita un nuevo cuerpo de predicadores y líderes, ministros y misioneros. Nuestro Señor nos enseñó a orar por obreros para la cosecha, y así debemos hacerlo.

—R. Albert Mohler, Jr.

Querido Padre Celestial:

Te pedimos que dejes huella en los corazones de los hombres en los cuatro rincones de este mundo que han sido impactados por el mensaje del evangelio y están verdaderamente llamados a anunciar tu Palabra a las masas. Oramos que el Espíritu Santo levante a hombres en el ministerio que se conviertan en predicadores de tu Palabra, pastores que apacienten a tu pueblo y misioneros para llegar a todas partes. Señor, nos apoyamos en Ti para tocar los corazones de aquellos a quienes has llamado a continuar la obra del ministerio y revelar tu plan a todos y cada uno de los hombres. Estamos agradecidos por tu presencia en nuestras vidas y por aquellos que han predicado fielmente el mensaje del evangelio y nos han enseñado tu Palabra. Pedimos que tu mano sobre este ministerio sea una chispa y un catalizador, en cada iglesia a la que lleguemos, para discipular pastores y levantar hombres que sigan tu llamado a cumplir la Gran Comisión y dar a conocer tu Palabra. En el santísimo y precioso nombre de Jesús oramos. Amén.

La oración es uno de los mayores dones que Dios nos ha dado para comunicarnos con Él. Estas son algunas peticiones por las que te pedimos que ores.

Peticiones por individuos

- Ora que Dios impacte los corazones de los hombres para que sigan el llamado al ministerio.
- Ora que los hombres que han sido llamados se rindan completamente a Cristo.
- Ora que los hombres busquen al Señor al considerar un llamado; que oren, lean, aprendan y busquen consejo.

- Ora por oportunidades misioneras para aquellos que disciernen un llamado, que revisen su corazón y sirvan a los demás.

Peticiones por los pastores

- Ora para que los pastores inviten a los hombres de sus iglesias, en mensajes, eventos públicos y en privado, a que consideren el llamado.
- Ora para que los pastores discipulen y guíen con amor a aquellos que están discerniendo un llamado al ministerio.
- Ora para que los pastores implementen procesos de práctica (residencias) en su iglesia para levantar obreros.

Peticiones por las iglesias locales

- Ora que los líderes de la iglesia apoyen a los hombres que están considerando un llamado al ministerio.
- Ora que la iglesia sea un lugar donde se puedan plantar, desarrollar y reproducir las semillas del ministerio.
- Ora que las iglesias tengan una mentalidad misionera para ayudar a los hombres a crecer.

Peticiones por las asociaciones

- Ora que las asociaciones eclesiásticas animen y apoyen proactivamente a los hombres para que consideren el ministerio.
- Ora que las asociaciones eclesiásticas brinden oportunidades de aprendizaje.
- ¡Ora que la iglesia trabaje unida y proactivamente en las misiones locales y globales!

Nuestros testimonios de llamado al ministerio

Testimonio de Tim LaFleur al ministerio

«Por lo tanto, si alguno está en Cristo, es una nueva creación. ¡Lo viejo ha pasado, ha llegado ya lo nuevo!» (2 Corintios 5:17).

En el verano de 1972, cuando ya estaba saliendo de la adolescencia, llegué a conocer a Cristo como Señor y Salvador. Dios, en su gracia, me permitió ir a un campamento estudiantil donde pude no solo escuchar el evangelio, sino también verlo demostrado en la vida de los estudiantes en el campamento. Lo que hace que mi historia sea tan inusual es que esta fue la primera vez que escuché el mensaje simple del evangelio.

Crecí en un pequeño pueblo al sur de Luisiana. Como la mayoría de los miembros de mi comunidad, fui criado como católico romano y, aunque sabía mucho sobre Dios, no lo conocía personalmente. Tenía una «religión», pero no tenía una relación con Jesús. De hecho, no conocía a ningún cristiano creyente en la Biblia en mi ciudad natal.

Como te podrás imaginar, cuando regresé a casa después de la semana en el campamento, no sabía qué hacer o cómo crecer en mi nueva fe. Afortunadamente uno de los líderes estudiantiles me dio una Biblia y me sugirió que comenzara a leer el Nuevo Testamento (él había resaltado varios pasajes a los que debía prestar especial atención).

Cuando comencé a leer la Palabra de Dios, tuve este profundo deseo de sumergirme en ella. De hecho, no podía tener suficiente de la Biblia, así que pasaba horas leyendo y meditando en las Escrituras. Cuanto más leía, más deseaba la Palabra de Dios. ¡Tenía tantas preguntas!

Alguien me dijo que en la pequeña iglesia bautista estudiaban la Biblia. Entonces, el domingo siguiente, me presenté con mi Biblia en la mano, listo para recibir todo lo que Dios tenía para mí. Solo puedo imaginarme lo que pensaron los líderes estudiantiles el día que me presenté en la iglesia. Estoy muy agradecido de que se hayan dado cuenta de que tuve una experiencia con el Señor que me cambió la vida, y porque me ayudaron a crecer y madurar en mi fe.

Conrad Bieber, nuestro líder estudiantil, se tomó el tiempo para invertir en mí espiritualmente. No solo me enseñó conceptos cristianos, sino que también me dio ejemplo con su vida de lo que significaba seguir a Cristo. Hizo una especie de discipulado uno a uno que me cambió la vida. Aprendí a orar porque él oró conmigo. Aprendí a compartir mi fe porque lo vi hacerlo. Aprendí a memorizar las Escrituras porque lo hacíamos juntos. Realmente puedo decir que no sería el hombre que soy hoy si Conrad no hubiera invertido en mí durante esos años de formación.

Cuando me gradué de la escuela secundaria, fui a la Universidad Estatal de Luisiana. Durante mi tiempo allí y después de trabajar en las misiones de verano en Carolina del Norte, sentí el llamado de Dios al ministerio vocacional. Durante el verano, un pastor universitario mayor me ayudó a entender el llamado de Dios en mi vida y a descubrir cuáles eran los próximos pasos que debía de dar.

Al mirar hacia atrás en los años de ministerio, ¡me sorprende la fidelidad de Dios! Ya sea durante el tiempo que ministré en un campus universitario (por veinte años) o cuando pastoreé en iglesias pequeñas, medianas o inmensas, siempre he sentido una carga por caminar junto a pastores, personal de la iglesia y líderes emergentes para ayudarlos a discernir el llamado de Dios en sus vidas y tratar de descubrir los siguientes pasos. Ha sido mi gran alegría entrenar y guiar a decenas de hombres y mujeres para que sigan a Cristo y vivan el llamado que Dios les ha dado.

Testimonio de Rob Millman al ministerio

«El que va tras la justicia y el amor halla vida, justicia y honra»
(*Proverbios 21:21*).

Cuando yo era un niño de primer año en la escuela primaria, mi pastor J. V. Moyer hablaba de ser «pescadores de hombres», y lo primero que yo quería ser cuando creciera era ser pastor. Asistí a la escuela parroquial, excepto en mi segundo año. Recuerdo mi primera oportunidad de participar en una «demostración de talentos» en la escuela pública del sur de Indiana, donde compartí del libro devocional que mi madre nos leía a mis hermanos y a mí Marcos 4, el cual habla de cómo Jesús calmó los vientos y las olas.

Avanzando hacia mi último año en la Universidad de Purdue, en Indiana, sentí el anhelo de asistir al seminario; sin embargo, lidiaba con una dislexia leve y no sentía que pudiera aprobar todos los cursos requeridos y que no era lo suficientemente inteligente. Pero mi deseo de servir al Señor se mantuvo, y les dije a los que realmente me conocían que me convertiría en misionero más adelante en la vida.

Crecí en el Sínodo de Missouri de la Iglesia Luterana. Mis bisabuelos fueron una de las pocas parejas que en 1900 comenzaron la nueva congregación en Brownstown, Indiana. Mi abuelo comenzó la Escuela Dominical y era el presidente de la congregación en 1953 cuando colocaron la piedra angular de un nuevo edificio. Ya de adulto, fui muy activo en la iglesia, y serví como anciano durante seis años. Luego serví como miembro de la mesa directiva en la escuela en la que mi congregación y otras dos iglesias rurales trabajaron para brindar educación cristiana a los 175-180 estudiantes que asistían desde el jardín de infantes hasta el segundo año de secundaria. También enseñé una clase de Escuela Dominical para adultos y organicé el desayuno comunitario del Día Nacional de Oración durante diez años.

Unos años más tarde fui elegido para servir como presidente de la congregación durante un tiempo en que nuestra iglesia estaba pasando por un tiempo difícil. Había más de setecientos miembros en nuestras listas; así que aprendí mucho durante este período en el que había división y se requería que la iglesia sanara. Fue a través de esa experiencia que realmente abracé Colosenses 3:12-14.

Avancemos rápidamente hasta el 2016. Ese año comencé a asistir a la Iglesia Bautista Long Hollow en Hendersonville, Tennessee. En el verano del 2018, mientras estaba en una conferencia de hombres de la organización bautista Lifeway, y al escuchar a Crawford Loritts y a mi pastor Robby Gallaty se reavivó mi aspiración de servir en el ministerio vocacional. Al principio del otoño me inscribí en la clase Predicación Expositiva, impartida por el pastor Robby y Gus Hernández. Inmediatamente seguí con Disciplinas Espirituales, impartida por Tim LaFleur y la asistencia de Robert Hutchinson. Desarrollé confianza y tomé Nuevo Testamento con Mark Liverman.

Poco después, solicité ingreso a Liberty University (Universidad Libertad) para inscribirme en el programa de Maestría en Ministerio Cristiano. Mike Pennington, director de la Asociación Bledsoe, y su hermano Tim, me dieron la oportunidad de predicar mi primer sermón un Domingo de Pascua en una pequeña iglesia rural en el condado de Sumner, Tennessee. Mientras terminaba mis tareas en el semestre del 2022, oré muchas veces pidiendo la guía de Dios para lo que Él quería que hiciera en el ministerio. Exploré múltiples posibilidades; me dejó muy claro que debo ayudar a los hombres a *seguir el llamado*.

Compartí con el pastor Tim LaFleur cómo Dios estaba trabajando en mi vida para comenzar un ministerio de ayudara a los hombres que luchan con el llamado al ministerio. Tim me preguntó si podía unirse a mí. La respuesta fue un simple y alegre «¡Sí!». Él, junto con mi hermano Mark, quien sirve como catalizador de plantación de iglesias para la organización NAMB y es estratega misionero de la Asociación Bautista de Wisconsin, me han ayudado a formar Follow the Call Ministries (Ministerios Sigue el Llamado).

Como puedes ver, mi relación con Jesús inició cuando yo era niño, y siempre he sentido el llamado de Dios en mi corazón para servirle en el ministerio vocacional. Mi historia no es diferente a la de muchos hombres que se sintieron llamados y, sin embargo, no atendieron ese llamado hasta más tarde en la vida. Dios en su gracia continuó obrando en mi corazón y a través de su Espíritu para afirmar ese llamado. Parte de mi testimonio es animar a otros para que sigan el llamado de Dios a predicar la Palabra. Nadie sabe cuánto tiempo Dios le va a dar de vida, pero mi intención es terminar bien en los próximos treinta años.

En la introducción del libro de Robert Coleman *El plan supremo del discipulado*, el autor habla de un estilo de vida ministerial. Escribió que la Gran Comisión es un estilo de vida «que abarca los recursos totales de cada hijo de Dios. Aquí el ministerio de Cristo cobra vida en la actividad diaria del discipulado».[2] Mi esperanza es ayudar a los pastores a guiar y caminar junto a hombres de todas las edades que aspiran a servir al Señor, expandir el reino de Dios y traer nuevas almas a Cristo.

---

[2] Robert E. Coleman, *The Master Plan of Discipleship* (Grand Rapids: Revell, 1998), 13. [Nota de la editora: Este libro se puede encontrar en español bajo el título El plan supremo del discipulado (Ciudad de México: Ediciones Berea, 2009).]

Sección 1
La lucha contra el llamado al ministerio

Parte 1

¿Soy llamado?

Rob Millman

Han existido muchos hombres a lo largo de los siglos que han sentido el llamado al ministerio y han ocupado púlpitos, que realmente fueron hombres de Dios y marcaron una diferencia en este mundo anunciando el mensaje del evangelio. Por otro lado, también ha habido muchos hombres que ocuparon púlpitos que sintieron una gran presión para ser ministros de la Palabra, pero su efectividad se vio embotada porque, en lugar de ser llamados por Dios, fueron llamados por hombres y obligados por su propio espíritu en lugar del Espíritu Santo.

Este pensamiento establece una pesada carga para el hombre que se siente llamado al ministerio, para que considere verdaderamente lo que significa discernir un llamado y servir al Señor nuestro Dios como predicador de la Palabra.

Oración

A medida que uno comienza a entrar en esta lucha con el llamado al ministerio, el primer paso es dedicar tiempo a la oración. Es a través de la oración y la conversación con Dios sobre su plan para la vida que un hombre comienza a distinguir verdaderamente los signos internos y externos de que Dios lo está llamando para el servicio. Es esencial dejar de lado las emociones y escuchar cómo el Espíritu Santo afecta el corazón y la vida de uno para considerar la pregunta: «¿Estoy haciendo esto por mí, o estoy siguiendo la guía de un Dios Santo para servirle sin tener en cuenta mis propias necesidades o ambiciones egoístas?».

Martyn Lloyd-Jones, uno de los más grandes predicadores del siglo XX, dedicó su vida al ministerio y se desempeñó como pastor de la Capilla de Westminster en Londres durante tres décadas. En su libro *La predicación y los predicadores*, Lloyd-Jones escribió: «Yo diría que el único hombre llamado a predicar es el hombre que no puede hacer nada más, en el sentido de que no está satisfecho con nada más. Este llamado a predicar se le impone de tal manera que dice: "No puedo hacer nada más; debo predicar"».[3]

El punto de vista de Jones elimina la carga de quien duda sobre seguir el llamado al ministerio. Un hombre debe estar tan obligado a querer servir al Señor que no pueda comprender el buscar ninguna otra vocación. Isaías escribió: «Él se deleitará en el temor del SEÑOR» (Is 11:3). Aunque el pasaje completo describe la venida del Mesías, esta primera oración del versículo tres proporciona una guía para el que está considerando el llamado al ministerio: «Temer a Dios es responderle con asombro, confianza, obediencia y adoración».[4]

En el *Comentario del conocimiento de la Biblia*, John Martin señala cómo este pasaje de Isaías se relaciona directamente con la consideración del llamado: «El Mesías busca constantemente hacer lo que Dios el Padre quiere que haga».[5] ¿No es eso lo que realmente desea un hombre que busca un llamado al ministerio? Si es así, ¡descubre y aférrate a lo que Dios Padre quiere que hagas!

Puede que seas un hombre llamado por Dios a predicar con una unción tan grande que nadie pueda dudar o cuestionar que estás persiguiendo tu verdadero llamado y cumpliendo tu papel en el reino de Dios. Tal vez estés en la etapa inicial de sentir la inclinación del Espíritu Santo para considerar el servir al Señor. Cualquiera que sea tu situación particular, tu próximo paso debe ser acercarte con valentía al trono de Dios en oración y pedir su voluntad en tu vida para determinar si el deseo que sientes te pertenece a ti o al Padre.

Una pequeña advertencia: la afirmación de los demás, incluida la

---

[3] Martyn Lloyd-Jones, *Preachers and Preaching* (Grand Rapids: Zondervan, 1972), 105. [Este libro se puede encontrar en español bajo el título *La predicación y los predicadores*, trad. Francisco Farrugia Sánchez y David Cánovas Williams (Ciudad Real, España: Peregrino, 2003, 2010).]

[4] John Martin, «Isaiah» [Isaías], en *The Bible Knowledge Commentary: Old Testament* [Comentario del conocimiento de la Biblia: Antiguo Testamento], editado por John F. Walvoord y Roy B. Zuck (Colorado Springs: David C. Cook, 1984), 1056.

[5] Martin, «Isaiah», 1056.

familia de tu iglesia, no significa necesariamente que estés llamado al ministerio. Muchos hermanos y hermanas estarán emocionados de animar y afirmar a un hombre que está procesando lo que él cree que es el llamado de Dios, sin darse cuenta de su verdadera motivación. La búsqueda de un llamado al ministerio solo debe venir después de considerar cuidadosamente y en oración el llamado mientras se leen las Escrituras y libros recomendados sobre el llamado de Dios, y al reunirse regularmente con varios hermanos en la fe a quienes les permitamos escuchar y darnos consejo. Nuestro Dios es grande, y el servicio a Él en el ministerio es una de las mayores asignaciones que un hombre puede cumplir. Vale la pena tomarse muy en serio este llamado.

Independientemente de quién seas o qué llamado estés considerando, fija tus ojos en Jesús mientras preparas tu corazón para una vida de servicio a Él, sin importar la vocación a la que estés llamado.

Un viaje

Uno de los primeros ejemplos de un hombre que cuestionó si realmente fue elegido por Dios fue Moisés. En Éxodo 3, Moisés se encontró con Dios de cerca cuando el ángel del Señor se le apareció en una llama de fuego dentro de una zarza. Lo más probable es que tú y yo nunca escuchemos la voz audible de Dios, pero Moisés ciertamente lo hizo: «Cuando el Señor vio que Moisés se acercaba a mirar, lo llamó desde la zarza: —¡Moisés, Moisés! —Aquí estoy —respondió» (Éx 3:4).

¿Te imaginas ese momento? Moisés debe haber sentido una variedad de emociones al escuchar la voz audible del Señor, pero respondió: «Aquí estoy». Nuestro encuentro con el Espíritu Santo puede palidecer en comparación con el encuentro de Moisés con Dios, pero comparten algo crucial: ambos son sobrenaturales y ambos son genuinos.

En su libro *¿Soy llamado?* Dave Harvey comparte que el llamado no es teórico, es personal. Ha sido lo mismo a lo largo de los siglos desde Noé hasta Abraham, desde Moisés hasta Josué, desde David hasta Salomón, desde Elías hasta Eliseo; y en el Nuevo Testamento desde Juan el Bautista, todos los discípulos, incluido el apóstol Pablo, hasta Juan «el revelador», y ahora hasta los hombres de nuestra era moderna. Puede que no tengas el impacto de Martín Lutero, Guillermo Tyndale, Juan Calvino, Juan Knox o gente como Jonatán Edwards, Carlos Spurgeon, Billy Sunday o Billy

Graham, pero si Dios te está llamando, debes cumplir su propósito en este momento, sin importar cuán trivial pueda parecer. Lo que es trivial para el hombre es significativo para Dios.

Jim Elliot, junto con otros cuatro, fue martirizado en 1956 mientras realizaba una misión en Ecuador para alcanzar a un grupo étnico que no conocía a Jesús. El impacto que han tenido estos hombres, inspirando a sus propias familias y a muchos otros a la obra misional, es incalculable. Hay hombres de Dios en todo nuestro mundo en este momento que tal vez nunca tengan sus nombres impresos en los libros de historia, pero nuestro Padre celestial los conoce. Un llamado al ministerio no se trata de glamour y prestigio personal, sino que es algo que Dios usa para cumplir su plan y propósito.

Dios tenía un propósito para Moisés: sacar a los israelitas de la esclavitud y llevarlos a la tierra prometida. Entonces cuando Moisés preguntó por qué tenía que ser él, Dios le respondió: «Yo estaré contigo» (Éx 3:12). Dios dijo que estaría con Moisés, pero también está con cada persona que lo ama y confía en Él. Es por esa razón que la oración es tan importante cuando uno considera su llamado al ministerio. Dios está con aquellos a quienes ha llamado, y Él proporcionará la respuesta.

Este proceso de discernimiento no va a ser un viaje de la noche a la mañana. Como escribió Harvey: «Este proceso es una aventura; una que se vuelve bastante seria y requiere una oración desesperada».[6] Los escritores de los Evangelios que documentaron la vida de oración de Jesús, dejaron registrado cómo en todo momento Jesús demostró un amor genuino por Dios al saber que el Padre siempre estaba con Él. Cuando un hombre discierne el plan de Dios para su vida, como Jesús, debe darse cuenta de que Dios está con él y recordar esta Escritura: «Si ustedes creen, recibirán todo lo que pidan en oración» (Mt 21:22).

Mientras andas por el camino del discernimiento en tu viaje para desenterrar la dirección de Dios para tu vida, abraza la humildad y la obediencia como tus compañeros de viaje esenciales. Moisés cuestionó sus habilidades y le pidió a Dios que enviara a alguien más (Éx 4:10-13). Dios llamó a Moisés a pesar de que conocía sus deficiencias y la capacidad de su habilidad. Lo que es fundamental para comprender tus capacidades a través de los ojos de Dios es darte cuenta de que Él no llama a los equipados;

---

[6] Dave Harvey, *Am I Called?* (Wheaton, IL: Crossway, 2012), 26. [Este libro se puede encontrar en español bajo el título *¿Soy llamado?* (Nashville: B&H Español, 2018).]

Él equipa a los llamados. Pablo proclama este misterio en 1 Corintios 2:1-5.

El ministerio de Pablo fue la demostración del poder del Espíritu en su vida, no de sus propias capacidades; y el poder del Espíritu también se demuestra en tu vida. A medida que procesas este viaje, date cuenta de que es la obra continua de Dios en tu vida la que traza el camino.

A un hombre se le debe recordar, ya sea llamado al ministerio o a otra vocación, que todo su trabajo debe completarse para la gloria de Dios.

Cada viaje pertenece solo a quien discierne el llamado; por lo tanto, es prudente leer las Escrituras, orar y consultar con hombres que han recorrido un camino similar. También te alentamos a leer libros y artículos que se centren en el llamado al ministerio. Puedes encontrar estos libros destacados en la pestaña de recursos de lectura en la página de internet FollowtheCall.org.

Encontrar dirección

Aprendí a usar una brújula por primera vez en mis días de *Boy Scout*. Nuestro jefe de exploradores señaló que hay cuatro puntos cardinales. Conocemos estas direcciones como «norte, sur, este y oeste». Nos enseñó a identificar nuestra ubicación y trabajó con nosotros para aprender a navegar por el terreno de la vida real en función de la información que veíamos en el mapa.

Hace unos años, a finales de la primavera en las montañas de Colorado cerca de Leadville, mi primo Ben, un par de mis amigos y yo caminamos por la nieve a profundidades de cuatro a seis pies. Estábamos haciendo «hoyos de poste», donde cada paso en la nieve creaba un agujero profundo similar al de un agujero de poste. Esto hizo que de alguna manera nos desviáramos del rumbo. Teníamos un mapa que incluía elevaciones y algunas marcas, así que saqué mi brújula y Ben pudo determinar en qué dirección debíamos de ir en función de la combinación de las marcas en el mapa y la dirección proporcionada por la brújula. Ahora, ¿cómo se relaciona esto con un hombre que está considerando un llamado al ministerio?

El mapa de un hombre cristiano es la Biblia. Es su guía, y si sigue las instrucciones definidas claramente en las Escrituras, lo llevarán a seguir a Jesucristo. Su brújula siempre apunta hacia Cristo, sin importar dónde se encuentre. Esta brújula es el Espíritu Santo.

El Espíritu Santo que obra en el corazón del hombre proporciona una dirección clara. El poder del Espíritu Santo ha influido en muchos hombres que buscan la voluntad de Dios para determinar si el propósito de su vida es seguir el llamado y proclamar a Jesús al mundo como pastor, predicador o maestro. Pablo y Bernabé eran dos de esos hombres, como se señala en Hechos 13:

Mientras participaban en el culto al Señor y ayunaban, el Espíritu Santo dijo: «Apártenme ahora a Bernabé y a Saulo para el trabajo al que los he llamado». Así que después de ayunar, orar e imponerles las manos, los despidieron. Bernabé y Saulo, enviados por el Espíritu Santo, bajaron a Seleucia y de allí navegaron a Chipre. (Hechos 13:2-4)

En ese mismo capítulo, Lucas señaló que había varios hombres sabios en la iglesia de Antioquía, y que estaban adorando al Señor a través del ayuno y la oración. A estos hombres les había resultado evidente que Pablo y Bernabé habían sido escogidos o apartados por mandato del Espíritu, y les impusieron las manos, comisionándolos para que hicieran su primer viaje misionero. Observa que Pablo y Bernabé no se ofrecieron como voluntarios para este viaje. El Espíritu Santo los llamó soberanamente a convertirse en misioneros de tiempo completo.

Encontrar dirección al discernir el llamado del Señor en tu vida viene a través de la obediencia del ayuno y la oración, y a través de la guía de compañeros fieles. Presta atención a los sabios consejos y escucha a quienes oran por ti y te brindan dirección espiritual. El Señor te comisionará por medio del Espíritu para avanzar con el llamado del Señor sobre tu vida. Es posible que tu encuentro con el Espíritu Santo no coincida con la experiencia de Pablo en el camino a Damasco, pero eso no lo hace menos poderoso.

En su libro *Discerniendo tu llamado al ministerio*, Jasón Allen señala: «Un llamado a predicar o enseñar la Palabra es la marca distintiva de un llamado al ministerio». Y continúa: «Este es el patrón bíblico: Dios llama, y Dios comisiona».[7] Si la huella del Espíritu Santo en tu vida es tan innegable que no hay nada que prefieras hacer que anunciar la Palabra de Dios, como sugirió Martin Lloyd-Jones, entonces tu respuesta está revelada claramente. Magnificar a Dios se trata de tener un corazón de adoración como los hombres mencionados en Hechos 13:1. Eran devotos

---

[7] Jason K. Allen, *Discerning Your Call to Ministry* [Discerniendo tu llamado al ministerio] (Chicago: Moody, 2016), 22–23.

en su intención de buscar la voluntad de Dios; adoraron y oraron intensamente, y además ayunaron pidiendo la mano del Señor sobre sus esfuerzos por hacer avanzar el evangelio.

A medida que encuentres dirección en este llamado a tu vida, concéntrate en las tareas inmediatas que tienes ante ti a medida que magnificas al Señor en lo que haces, ya sea de maneras pequeñas o grandes. Él revelará su voluntad. En Hechos 9, Jesús reveló su voluntad a Pablo de una manera muy dramática, y hubo hombres como Ananías y otros discípulos que invirtieron en Pablo. Como señala Lucas: «Saulo pasó varios días con los discípulos que estaban en Damasco y enseguida se dedicó a predicar en las sinagogas, afirmando que Jesús es el Hijo de Dios» (Hch 9:19-20).

Al discernir tu llamado, sumérgete en las Escrituras, ora por la guía del Espíritu Santo, busca consejo sabio y rodéate de hombres piadosos. Sobre todo, continúa magnificando al Señor en todo lo que hagas. Despójate de tu viejo yo y vístete de tu nuevo yo, y Dios te cambiará y te moldeará en lo que Él desea hacer en ti como su instrumento para el servicio.

Entrega absoluta

Cuando un hombre considera el llamado al ministerio, debe recordar que esto requiere una mentalidad de por vida y es algo que debe tomarse en serio. La definición de *compromiso incondicional* es sorprendentemente obvia, es hacer una promesa segura sin restricciones. Esto requiere dedicar la vida en las manos del Señor y ser fieles a las oportunidades del ministerio. En el libro de Daniel leemos acerca de tres hombres que pusieron sus vidas en las manos del Señor: Sadrac, Mesac y Abednego (Dn 3).

Daniel relató que el rey Nabucodonosor había hecho una estatua de oro de veintisiete y medio metros de alto y 2.7 metros de ancho para ser adorada, y que envió una orden de que cualquiera que no se inclinara y adorara esta estatua sería arrojado a un horno de fuego. Sadrac, Mesac y Abednego mantuvieron su compromiso incondicional con el Señor y se negaron a adorar el ídolo. Por su desobediencia al rey fueron arrojados al fuego, pero el Señor los rescató de manera tal que ni un cabello de su cabeza ni una puntada de su ropa se quemó. Nabucodonosor alabó a Dios (Dn 3:28) y recompensó a los hombres.

Al profundizar en este relato, los tres hombres no mostraron miedo, ya que sabían que Dios podría rescatarlos del fuego. Si Él no lo hacía, no importaría de todos modos, porque no servirían a ningún otro dios. La enseñanza de esta historia es que estos hombres permanecerían fieles sin importar las consecuencias. Habrá obstáculos a medida que entiendas si tienes un llamado; y si realmente eres llamado, entonces a medida que cumplas con ese llamado.

Según las investigaciones realizadas por Lifeway Research, «los pastores informaron que el veintiuno por ciento de los miembros de sus congregaciones tenía expectativas poco realistas de ellos, el cuarenta y ocho por ciento indicó que las demandas del ministerio son más de lo que pueden manejar, y el cincuenta y cuatro por ciento encontró abrumador su papel como pastores».[8] El llamado al ministerio no es un llamado para ir a un día de campo; más bien, requiere una fidelidad inquebrantable.

A medida que uno examina su corazón y su pasión por el ministerio, se necesita llegar a un punto de rendición final. Los tres hombres en el relato de Daniel estaban comprometidos; habían entregado todo su corazón al Dios Todopoderoso. Considera cómo sus sueños, planes, esperanzas y deseos fueron relegados a un segundo plano cuando adorar al Señor se convirtió en su objetivo principal. No permitieron que ningún obstáculo se interpusiera en el camino de elegir permanecer fieles a Dios. De la misma manera, al considerar su llamado al ministerio, el hombre debe relegar sus propios deseos, dejándolos de lado para dar un paso adelante y servir a Dios como pastor, predicador o maestro.

Las estadísticas de Lifeway no pintan una bella imagen para el ministerio. Requerirá fortaleza, trabajo duro y un ferviente deseo de cumplir con el papel de siervo del Señor. Como alguien una vez escribió: «Mientras disciernes la voluntad de Dios para tu vida, ¡no huyas de tu llamado!».[9] Hay múltiples ejemplos bíblicos de hombres que se rehusaron a un llamado del Señor. Piensa en Jonás, el profeta que Dios llamó para ir a predicar contra el mal en Nínive. Estaba lleno de miedo y, en lugar de «subirse a bordo» con Dios, se subió a un barco para huir de la presencia del Señor. Jonás se desvió de su curso, se alejó de los planes del Señor y se encontró de repente en el vientre de un gran pez. Desde ahí oró y fue

---

[8] Lifeway Research, «Pastor Atrrition Study 2021» [Estudio de deserción de pastores 2021], enero de 2022, https://research.lifeway.com/wp-content/uploads/2022/01/Pastor-Attrition-Research-Report-2021.pdf.

[9] Scott Pace y Shane Pruitt, *Calling Out the Called* [Llamado a los llamados] (Nashville: B&H Publishing, 2022), 27.

escupido, con el fin de que cumpliera la orden del Señor. Jonás se dirigió a Nínive, donde anunció el mensaje del Señor y el pueblo se volvió a Dios. El objetivo de esta historia para un hombre que considera el llamado de Dios es escuchar, orar y obedecer.

Debido a que esto requiere un compromiso incondicional, el verdadero llamado es descubrirse a uno mismo en medio de donde Dios planea, en lugar de donde uno planea. Es darse cuenta de que hay lugares difíciles como Nínive o Babilonia. Es aceptar que incluso cuando hemos sido llamados a lo que parece ser un lugar seguro, eso no garantiza que la vida sea fácil, como lo indican las estadísticas citadas anteriormente.

Muchas personas perdidas se abren paso hacia las cuatro paredes de la iglesia cada semana. De manera que hay que considerar la exhortación de Pablo a Timoteo cuando señaló que hay muchas personas impías que siempre aprenden pero nunca pueden llegar a la verdad. En 2 Timoteo 3:10-11, Pablo impartió que habrá luchas, y animó a Timoteo a aferrarse a su fe, a esforzarse por tener paciencia y perseverancia, y a amar a los demás. Pablo relató que en las luchas que encontró, Dios lo rescató de todas ellas.

Finalmente, Scott Pace y Shane Pruitt escribieron en su libro *Llamado a los llamados*: «Pero si te resistes al llamado, Dios no te liberará de él. ¡Él desea usarte y está decidido a usarte! Por lo tanto, por fe y con confianza en su fidelidad, debemos llegar al punto de rendirnos voluntariamente y hacer nuestra la respuesta del profeta Isaías: "Aquí estoy. Envíame a mí"».[10]

Oración y discipulado

Al considerar el llamado a pastorear, liderar y predicar, es muy fácil atrincherarse en la trampa oculta de perseguir todo lo relacionado con Dios sin buscarlo a Él realmente. Nuestro primer objetivo es tener una relación con Jesús. Un llamado al ministerio es el resultado de una verdadera devoción para profundizar personal y sinceramente la intimidad con Cristo, sin que haya nada que supere el anhelo de una relación más profunda con Él. Mark Kelly lo dijo bien: «Cuando lideras a una persona... en una relación donde Cristo es el Señor, todo lo demás cae en su lugar.

---

[10] Pace y Pruitt, *Calling Out the Called*, 29.

No tienes que convencerla de que necesita pasar tiempo en la Palabra de Dios o en la oración o en la comunión o en la misión. Esa es una respuesta espontánea a una relación con el Señor viviente».[11]

El principio, la mitad y el final, no solo de tu llamado sino de tu vida, están ligados a tu relación con Jesús. Es de vital importancia separar la confusión de *jugar a ser cristiano* con *ser cristiano*. Debes anhelar que Cristo te conozca a ti y que tú conozcas a Jesús, camines con Jesús, ames a Jesús y compartas a Jesús. Forja una verdadera conexión que te lleve a avanzar en todos tus esfuerzos para proclamar a Jesús al mundo. Se trata de seguir a Jesús, enfocarse en el evangelio y aclarar tu llamado. Como explica Dave Harvey: «Agarrarse firmemente del evangelio despeja el camino mental para meditar más efectivamente en tu llamado».[12]

Comienza por desarrollar una vida de oración vibrante. Jesús fue muestra de una vida de oración ejemplar. De hecho, la Biblia proporciona evidencia de que oraba antes de cada evento de su vida. Oró en su bautismo, antes de elegir a sus discípulos, antes de multiplicar el pan y los peces, para que Dios resucitara a Lázaro, por aquellos que creerían, mientras estaba en el huerto de Getsemaní y en la cruz. De la misma manera, un hombre que busca la guía para un llamado al ministerio también debe orar.

El mensaje de Jesús a sus discípulos en el Sermón del Monte es orar en privado (Mt 6:5-6). Orar es una forma de adoración privada donde un hombre puede conectarse personalmente con Dios y en su meditación aprender de la voluntad de Dios para su vida. También es durante este tiempo que un hombre puede caer de rodillas delante de Dios y de manera inconsolable pedirle que le dé dirección. Fue Leonard Ravenhill quien dijo: «Dios no responde a la oración. Responde a una oración desesperada».[13]

Somos testigos del ejemplo de Jesús en el jardín (Lc 22:42-44), donde suplicó al Padre. Jesús se entregó a la voluntad de Dios. Del mismo modo, el hombre debe rendir su voluntad y escuchar, observar y buscar

---

[11] Mark Kelly, «"Great Commission Resurgence" Must Be Fueled by Relationship» [El resurgimiento de la Gran Comisión debe ser alimentado por la relación], Blackaby Ministries International, 18 de noviembre de 2023, https://blackaby.org/great-commission-resurgence-must-be-fueled-by-relationship/.

[12] Harvey, *Am I Called?*, 19.

[13] Leonard Ravenhill, «Prayer» [Oración], Ravenhill.org, 1994, http://www.ravenhill.org/prayer.htm.

la respuesta provista por medio del Espíritu Santo. Esto se cultiva a través de una vida de oración constante. Un hombre que busca la voluntad de Dios debe ser maleable en espíritu, dándose cuenta de que «rendirse al ministerio incluye la determinación de seguir el llamado de Dios dondequiera que lo lleve».[14]

Una oración personal

Querido Padre celestial:
Vuelvo a comprometer mi vida contigo hoy y te alabo por la nueva vida que tengo en Cristo Jesús. Confieso que soy pecador e impuro, y me arrepiento de mi pecado y pido tu perdón. Así como Tú resucitaste a Cristo de entre los muertos para tu gloria, yo también puedo caminar en una nueva vida. Estoy agradecido por la obra transformadora del Espíritu Santo en mi vida y por la sangre de Jesús que me hizo una nueva creación. Padre, por favor deja que tu Espíritu Santo obre más profundamente en mi corazón para acercarme a Cristo y que pueda experimentar su amor más plenamente. Oro por tu poder en mi vida como tu instrumento para magnificar tu gloria y majestad al mundo. Me entrego a Ti y oro por tu voluntad en mi vida, para que pueda caminar en una manera digna de Ti y sea plenamente agradable a Ti, dando fruto en toda buena obra. Oro en este día, Señor, para que me des discernimiento y dirección clara. Dejo mis ambiciones y me entrego a Ti para que me uses como deseas. Padre, por favor dirígeme mientras reconozco que tu voluntad para mi vida es lo mejor. En el nombre de Jesús oro. Amén.

---

[14] Allen, *Discerning Your Call to Ministry*, 125.

Parte 2

Dónde está trabajando Dios

Rob Millman

«Ahora bien, sin fe es imposible agradar a Dios, porque es necesario que el que se acerca a él crea que él existe y que recompensa a los que lo buscan» (Hebreos 11:6).

Dónde y cómo Dios llama son similares pero únicos para cada creyente. Para aquellos llamados al ministerio vocacional, el *discernimiento* es el reconocimiento de la voz de Dios y la comprensión de que es verdaderamente el llamado de Dios y la voluntad de Dios.

El llamado de Dios es más de lo que sientes al escuchar a un pastor u orador mientras experimentas una variedad de emociones y proclamas que el Señor te está llamando a rendirte al ministerio de tiempo completo. Más bien, una comprensión completa del llamado se remonta al punto de partida cuando un nuevo creyente camina hacia adelante con su primer paso para seguir a Jesús.

La experiencia de salvación también varía en forma de persona a persona. Recuerdo mi experiencia cuando, siendo un niño, puse mi fe en Jesús y lo amé plenamente. Fui bendecido, ya que el hogar donde crecí adoraba a Dios. Nuestra familia era fiel asistiendo a los servicios de adoración cada semana, y además yo recibía información diaria acerca de Jesús mientras asistía a la escuela parroquial. Supe a la edad de siete años que Dios me estaba llamando a seguirlo, y me animé a compartir con otros porque cada semana nuestro pastor hablaba sobre ser «pescadores de hombres».

El llamado a la salvación es el primer llamado. Un segundo llamado para todos los creyentes es el llamado a la santificación; es decir, crecer en santidad y semejanza a Cristo. Es rendirse completamente al Espíritu Santo y orar que haga su obra poderosa en nuestra vida para acercarnos a Cristo y comprender plenamente todos los atributos de Dios. También es un llamado general al ministerio para servir a los demás como parte del cuerpo de la iglesia.

El hecho de llamar a otros al ministerio siempre tuvo prioridad en la agenda del apóstol Pablo. Él con frecuencia comparaba el servicio a Dios con un entendimiento de las partes del cuerpo y su funcionamiento juntas. Vemos esto en Romanos 12, 1 Corintios 12 y Efesios 4. Observa lo que Pablo escribió en Romanos 12:4-8:

> *Pues, así como cada uno de nosotros tiene un solo cuerpo con muchos miembros, y no todos estos miembros desempeñan la misma función, también nosotros, siendo muchos, formamos un solo cuerpo en Cristo, y cada miembro está unido a todos los demás. Tenemos dones diferentes, según la gracia que se nos ha dado. Si el don de alguien es el de profecía, que lo use en proporción con su fe; si es el de prestar un servicio, que lo preste; si es el de enseñar, que enseñe; si es el de animar a otros, que los anime; si es el de socorrer a los necesitados, que dé con generosidad; si es el de dirigir, que dirija con esmero; si es el de mostrar compasión, que lo haga con alegría.*

El llamado al ministerio vocacional es poner tu sí pleno sobre la mesa y estar dispuesto a ir a donde Dios quiera que vayas. Hay una razón por la que hemos dedicado un libro entero al llamado de Dios, y es que es asombroso ver que Dios está trabajando en muchos lugares, pero se necesitan obreros especiales en el ministerio con talentos, habilidades y temperamentos que cumplan con el trabajo en cuestión. Como Pablo escribió a los Efesios: «Él mismo constituyó a unos como apóstoles; a otros, profetas; a otros, evangelistas; y a otros, pastores y maestros» (Ef 4:11).

Al considerar esta lista, es importante reconocer que todos tenemos un área de dones. Se nos recuerda esto en las Escrituras:

> *Cada uno ponga al servicio de los demás el don que haya recibido, administrando bien la gracia de Dios en sus diversas formas. El que habla, hágalo como quien expresa las palabras mismas de Dios; el que presta algún servicio, hágalo con la fortaleza que Dios le proporciona. Así Dios será en todo alabado por medio de Jesucristo, a quien sea la gloria y el poder por los siglos de los siglos. Amén. (1 Pedro 4:10-11)*

Así como hay millones de personas que necesitan escuchar la Palabra de Dios, también hay un mar de oportunidades ministeriales disponibles para completar el trabajo. La siguiente es una amplia lista de las muchas áreas a donde Dios llama a sus obreros.

Ejemplos de ministerios a los que Dios llama:

Apologista

Capellán (hospital, cárcel, ejército, policía)

Consejero bíblico

Consejero general (adicción, hijos, divorcio, duelo, matrimonio)

Estratega de misiones de una asociación de iglesias locales

Evangelista

Gerente de campamento cristiano/miembro del personal

Instructor de seminario

Líder del ministerio de mujeres

Líder del ministerio matrimonial

Liderazgo denominacional

Maestro de la Biblia

Ministerio callejero

Ministerio de adultos mayores

Ministerio de atención a los miembros

Ministerio de hombres

Ministerio de medios de comunicación

Ministerio de prisiones

Ministerio en el campus universitario

Ministerio juvenil

Ministerio para personas sin hogar

Misionero doméstico

Misionero extranjero

Pastor de adoración

Pastor de discipulado

Pastor de grupos pequeños

Pastores de misiones (misiones locales y regionales)

Pastor de algún ministerio contra los vicios

Pastor ejecutivo (supervisa los equipos ministeriales en iglesias grandes)

Pastor principal (en la ciudad, suburbano, rural)

Pastor equipador (asesora y promueve el liderazgo de la iglesia)

Pastor universitario o colegiado de la Generación Z

Pastor/mediador de reconciliación de la iglesia

Plantador de iglesias

Replantador de iglesias...

¿A dónde te está llamando Dios?

Cómo llama Dios

Hay muchas historias a lo largo de las Escrituras que describen cómo Dios llama a las personas al servicio. Esto se ve especialmente a lo largo del Antiguo Testamento.

- En Génesis 12, Dios llamó a Abraham a dejar su tierra natal y convertirse en el padre de una gran nación.
- En Éxodo 3, Moisés se encontró con el Señor en la zarza ardiente y fue llamado a guiar a los israelitas de la esclavitud en Egipto a la tierra prometida.
- En 1 Samuel 3:1-10 el joven Samuel escuchó claramente la voz de Dios.
- En 1 Samuel 9-10 el Señor llamó a Saúl para que fuera el primer rey de Israel, y fue ungido por el profeta Samuel.
- En 1 Samuel 16:12 Dios llamó a David, el menor de sus hermanos.
- Dios llamó a sus profetas (como Isaías y Jeremías), y llamó a Jonás para proclamar el arrepentimiento a Nínive.

Dios todavía está llamando a hombres y mujeres al servicio hoy en día. Aunque los roles varían entre hombres y mujeres, Dios claramente llama a los hombres a predicar. Es fascinante presenciar cómo Dios llama a los hombres al ministerio en muchos contextos diferentes, cómo han escuchado la voz de Dios y cómo otros han confirmado su llamado.

Uno de esos individuos es Mac Lake. Mac creció en un pequeño pueblo de Virginia Occidental y entregó su vida a Jesús a una edad temprana. Experimentó un fuerte impulso para ingresar al ministerio a la edad de dieciocho años. Se sentía inadecuado, pero tenía una fuerte convicción en su alma. Fue alentado por su madre y otras personas que confirmaron su llamado. Se desempeñó como pastor en la Iglesia Sea Coast (Costa del Mar) en Myrtle Beach, Carolina del Sur, ha sido una fuerte influencia en el movimiento de plantación de iglesias en los Estados Unidos y actualmente dirige el ministerio Multiply Group (Grupo Multiplícate).

Eduardo Hancock se desempeña como pastor en la Iglesia Crosspoint (Intersección) en Caldwell, Idaho. Al relatar el testimonio de su llamado al ministerio dijo: «Nunca hubiera comenzado de no ser porque fui a un campamento juvenil cuando tenía diecinueve años». Eduardo agregó: «Tuve la sensación de que tenía muchos amigos que no conocían al Señor que irían al infierno si no lo llegaran a conocer, y Dios me estaba llamando a ayudarlos a seguir a Jesús». Al regresar a su iglesia y hablar con otros, quedó claro que tenía un llamado al ministerio para ayudar a las personas a conocer a Jesús.

Jeremías Franks creció en la iglesia y estaba en una reunión de avivamiento cuando sintió que Dios lo llamaba. Él lo narra en las siguientes palabras: «Quise saber qué era lo que Dios quería que hiciera. Le pregunté: "Dios, ¿qué quieres que haga?", y dijo muy claramente: "¡Solo confía en mí, solo confía en mí!". Supe en ese momento que Dios me estaba llamando al ministerio». Jeremías se desempeña como pastor en la Iglesia Bautista Fellowship (Compañerismo) en Morgan's Point Resort, en Texas.

También es importante darse cuenta de que el llamado al ministerio puede ser un proceso, ya que Dios trabaja en la vida de una persona a lo largo de un periodo tiempo para prepararla. José Marco es el pastor de la Iglesia Emmanuel en Madison, Wisconsin. José compartió: «El descubrimiento del propósito de lo que Dios tenía para mí me tomó algunos años. Mientras tanto, Dios me estaba preparando y equipando para estar listo». José se mudó de Argentina a los Estados Unidos y participa activamente en la plantación de iglesias para alcanzar a la comunidad latina en toda su región.

David Gonzales comparte en su historia que su esposa Amber lo introdujo al evangelio cuando estaban saliendo en la escuela secundaria. Ella fue de mucha influencia para alentarlo en su fe, junto con las oraciones de otros, de manera que vino a Cristo cuando tenía veintitrés años. Su llamado al ministerio se hizo evidente para él cuando, estando aún en la Iglesia Católica, comenzó a cuestionar sus enseñanzas y a escudriñar realmente las Escrituras. Desarrolló un amor por la Palabra de Dios y un deseo de compartirla con los demás. David ahora es el pastor de la Primera Iglesia Bautista en Douglas, Arizona.

A veces una persona siente que está llamada y lista para servir, pero debe esperar el tiempo de Dios. La historia del llamado al ministerio de

Mateo Wunderlin comenzó hace más de veinte años, mientras vivía en Los Ángeles, California. Sintió un verdadero anhelo por el ministerio, pero explica en su testimonio que no fue afirmado por la iglesia local, y no solo una vez, sino un par de veces. Relató que, por la providencia de Dios y en su tiempo, así como el acuerdo de la iglesia, más tarde fue verdaderamente llamado al ministerio. Mateo al presente se desempeña como pastor de la Iglesia Rolling Hills (Colinas), ubicada en Platteville, Wisconsin. Mateo también sirve como teniente coronel en la reserva de la Fuerza Aérea de los Estados Unidos.

Al reflexionar sobre las experiencias de estos hombres, el patrón para el llamado al ministerio es muy similar, ya que Dios creó una conmoción en sus corazones y un deseo ardiente de compartir el amor de Jesús. Su deseo fue atestiguado por otros y confirmado por la evidencia de que el Espíritu Santo realmente puso un llamado en sus vidas para el servicio ministerial, a fin de glorificar a Cristo.

¿Por qué la urgencia?

La Biblia sirve como un gran espejo que refleja los errores de la humanidad desde la antigüedad hasta hoy. Mientras nos miramos en este gran espejo echando un vistazo al pasado, vemos similitudes en el reflejo. En 2 Crónicas vemos un entorno muy similar al nuestro en el siglo XXI.

El rey Acaz había llevado a Judá, su nación, de vivir en piedad a la adoración de dioses falsos, e incluso a matar a sus hijos. ¿Te suena familiar? Cuando murió, su hijo Ezequías se convirtió en rey de Judá a los veinticinco años. El rey Ezequías restauró el templo y dirigió los esfuerzos de los sacerdotes y levitas, ordenándoles que consagraran el templo y renovaran el pacto con el Señor para que Dios no se apartara de ellos. Él dijo, y fíjense, este es un hombre de veinticinco años: «Así que, hijos míos, no sean negligentes, pues el Señor los ha escogido a ustedes para que estén en su presencia, le sirvan, sean sus ministros y le quemen incienso» (2 Cr 29:11). El propósito de compartir esta narrativa es que hoy más que nunca necesitamos que los hombres defiendan la verdad; necesitamos que los hombres vivan vidas santas y necesitamos hombres que ministren y compartan la Palabra de Dios con el mundo.

En nuestro mundo, según las estadísticas proporcionadas por Ministerios Radicales, «hay más de 3.2 billones de personas no alcanzadas y sin el mensaje del evangelio. Esto representa más de siete mil grupos diferentes de personas».[15] A medida que nos enfocamos en nuestro hemisferio, particularmente en América del Norte, según la Junta de Misiones Norteamericanas, «hay más de 281 millones de personas que no conocen a Jesús».[16] Doscientos ochenta y un millones equivalen a tres de cada cuatro personas en América del Norte sin una relación con Cristo. Una estadística más a considerar es un estudio del 2020 realizado por Ministerios Ligonier que informó: «El 52 % de los adultos estadounidenses creen que Jesús no es Dios».[17]

El desafío de Ezequías en el año 729 a. C. sigue siendo un desafío para los hombres de fe de hoy. Su desafío era que los sacerdotes se levantaran y exaltaran al Señor. De manera similar, necesitamos hombres que se levanten y se preparen, orando, estudiando y devorando la Palabra de Dios para que la puedan anunciar en las cuatro esquinas, comenzando con nuestras propias comunidades. Uno debe darse cuenta de que la necesidad de Cristo está en todas partes, ya que incluso el «Cinturón Bíblico»[18] se ha convertido en una ruina cultural. Parece que todos son cristianos donde vivo en el extremo norte de Nashville, en el condado de Sumner, Tennessee. El condado está situado en el corazón del Cinturón Bíblico con iglesias en casi todas las esquinas y en cada curva a lo largo de las carreteras. Sin embargo, con una población de 208,182 habitantes, todavía hay 156,144 personas que realmente no conocen a Jesús.

---

[15] David Platt, «Great Commission Statistics that Should Concern Us» [Estadísticas de la Gran Comisión que deben preocuparnos], Radical Ministries, 5 de mayo de 2021, https://radical.net/article/great-commission-statistics-concern/.

[16] North American Mission Board, «2024 NAMB Ministry Report» [Reportes del ministerio NAMB en el 2024], consultado el 21 de marzo de 2025, https://www.namb.net/resource/2024-namb-ministry-report/.

[17] Lingonier Ministries, «Is Jesus Divine? 30 % of "Evangelicals" Say No» [¿Es Jesús divino? El 30 % de los «evangélicos» dijo que no], 15 de septiembre de 2020, https://www.ligonier.org/posts/jesus-divine-30-evangelicals-say-no?srsltid=AfmBOopWF9d_BR9w94rZ-dXCB7IntQzUynQ4JjGGKTfV_Aq3BQn_fbYI.

[18] Nota de la editora: Según la definición dada por la organización Got Questions, el «Cinturón de la Biblia» (*Bible Belt* en inglés) es una expresión informal utilizada para referirse a una región en el sureste y centro-sur de los Estados Unidos. Esta área es conocida por ser más teológicamente evangélica y socialmente conservadora que el resto del país. Los estados que conforman el Cinturón de la Biblia incluyen Texas, Oklahoma, Arkansas, Luisiana, Misisipi, Alabama, Tennessee, Georgia, Carolina del Sur y Carolina del Norte. Algunas listas también incluyen a Misuri, Virginia Occidental y Virginia. Esta definición se puede encontrar en el enlace: https://www.gotquestions.org/Espanol/Biblia-Cinturon.html (consultado el 4 de septiembre de 2025).

Se necesita un gran esfuerzo para compartir de Cristo. Necesitamos mejorar el nivel de nuestro discipulado, y necesitamos que más hombres den un paso adelante para proclamar la Palabra de Dios. La iglesia no está muerta, pero si la multiplicación ha de tener lugar, se requiere un verdadero liderazgo dentro de la iglesia que discipule y mobilice a los creyentes para equipar y animar a los que aman a Cristo a que evangelicen a los perdidos.

¿Adónde y cómo te está llamando Dios a servir?

Hasta ahora hemos considerado adónde Dios está llamando a los hombres y los muchos roles que deben cumplirse, brindando ejemplos de aquellos a quienes Dios ha llamado y la urgencia de compartir el evangelio en nuestro momento. También es esencial comprender que el servicio al Señor requiere un amor genuino por los demás.

Un verdadero deseo de compartir el mensaje del evangelio —aquel que arde dentro de tu alma y se filtra por tu piel— debe impregnar todo tu ser. Los apóstoles proporcionan el mejor ejemplo de este deseo innato de compartir a Jesús con el mundo. Su testimonio se describe en detalle en el Libro de los Hechos.

Comienza en Hechos 2, cuando el día de Pentecostés Pedro predicó a la multitud fuera de la muralla de la ciudad de Jerusalén. Los llamó a arrepentirse y ser bautizados en el nombre del Señor Jesús, y tres mil fueron agregados a la iglesia. En Hechos 6, Esteban fue lleno del amor de Jesús y, por el poder del Espíritu Santo, realizó muchas señales y prodigios. En Hechos 8, Felipe proclamó a Jesús en Samaria, y en Hechos 9, Saulo se convirtió e inmediatamente comenzó a proclamar a Jesús como el Mesías.

En nuestra agitada sociedad estadounidense parece mucho más fácil para nosotros los creyentes en Cristo acobardarnos ante la cultura en lugar de ser audaces en nuestro testimonio. Aquí es donde llega la hora de la verdad para aquellos que luchan con el llamado al ministerio. En Hechos 4 y 5, Pedro y Juan fueron encarcelados; en Hechos 7, Esteban fue apedreado; y en Hechos 12, Santiago fue martirizado. Hay cristianos hoy que mueren por su fe en otros países. La organización Open Doors (Puertas Abiertas) afirma que trece personas mueren por su fe todos los días.[19] La pregunta permanente para todos los cristianos es: ¿Qué tan fuerte es su fe?

En 1970, la cantante estadounidense Lynn Anderson grabó la canción *I Never Promised You a Rose Garden* (Nunca te prometí un jardín de rosas). Aunque es un clásico, el título de la canción es una frase que todavía sigue siendo pertinente hoy en día. El ministerio no es un jardín de rosas. Lamentablemente, gran parte del desafío que enfrentará un líder ministerial será más externo que interno. Por eso es esencial poseer un amor genuino por los demás y sensibilidad para comprender y cuidar a las personas, desarrollar tus habilidades de liderazgo para movilizar al pueblo de Dios donde Él está trabajando y ser una luz real para aquellos que caminan en la oscuridad.

Esteban es un gran ejemplo de un hombre que realmente experimentó el amor de Jesús. En Hechos 6:8 aprendemos que estaba lleno de gracia y poder. Su mensaje al Sanedrín fue asombroso, ya que estaba lleno del Espíritu Santo y de la Palabra de Dios. Su conocimiento de la Palabra no sucedió instantáneamente. Esteban seguramente leyó las Escrituras y escuchó fielmente a muchos sacerdotes en las sinagogas. Este es un excelente ejemplo de por qué mi pastor, Robby Gallaty, dice: «Debes sumergirte en la Palabra hasta que la Palabra se sumerja en ti». Es necesario sentarse reverentemente bajo la autoridad de aquellos que predican fielmente la Biblia. Esteban conocía la Palabra y fue impactado de tal manera por el mensaje del evangelio que no pudo contenerse. Era fácil para él ser audaz en su testimonio porque era lo que conocía.

Considera estas preguntas en tu caminar con Jesús: ¿Sientes el empuje del Espíritu Santo avivando tanto las llamas de tu fe que no puedes dejar de compartir de Jesús con todos los que conoces? ¿Está Jesús impreso en tu ADN? ¿Pueden los que están a tu alcance sentirlo, verlo y percibirlo en tus palabras, acciones y hábitos? ¿Eres realmente capaz de poner tu sí sobre la mesa y decirle al Señor: «Adonde sea y lo que sea»?

Oramos para que esto sea una realidad en tu vida y que sigas creciendo donde has sido plantado. Y a medida que Dios te hace crecer, que Él dé el tipo de fruto en tu vida que conduce a la justicia, para que puedas pastorear mejor el rebaño que te ha dado.

---

[19] Ver más de esta organización en https://www.opendoorsus.org/.

Parte 3
Próximos pasos mientras esperas
Tim LaFleur

Mira si este eres tú. Has sentido lo que crees que es un llamado del Señor al ministerio vocacional. Has pasado tiempo discerniendo ese llamado y te ha quedado claro que es genuino. Pero ahora no sabes a dónde ir. Te encuentras preguntándote: «¿Qué puedo hacer mientras estoy en la sala de espera de Dios?». Nos ocuparemos de esa pregunta; pero antes de hacerlo, hay algunos principios que podrían aplicarse a ti como una especie de base para los pasos que vienen a continuación.

Dios está obrando mientras tú esperas

Mientras esperas, Dios está obrando. De hecho, está trabajando en al menos dos áreas de tu vida. Primero, está trabajando para lograr su propósito primordial de hacerte más como Jesús. Observa lo que Pablo dice en su carta a los Romanos:

> *Ahora bien, sabemos que Dios dispone todas las cosas para el bien de quienes lo aman, los que han sido llamados de acuerdo con su propósito. Porque a los que Dios conoció de antemano, también los predestinó a ser transformados según la imagen de su Hijo, para que él sea el primogénito entre muchos hermanos. (Romanos 8:28-29)*

¡Qué promesa tan increíble! Dios no solo está haciendo que todas las cosas «cooperen» para nuestro bien y para su gloria, sino que nos está haciendo más como Jesús.

La segunda forma en que Él está obrando es que está «ejercitando» su providencia misericordiosa en tu vida. Él está trabajando detrás de escena para lograr su voluntad y propósito para tu vida. Y mientras esperas en Él, «enderezará tus sendas». Recuerda Proverbios 3:5-6: «Confía en el Señor de todo corazón y no te apoyes en tu propia inteligencia. Reconócelo en todos tus caminos y él enderezará tus sendas».

Además, mientras esperas, Dios puede estar preparando a tu cónyuge o hijos para entrar en una vida de servicio a través del ministerio vocacional. Muchos hombres y mujeres no han podido seguir el ministerio vocacional porque no han contado con el apoyo de su familia. Por lo tanto, es crucial que Dios obre no solo en tu vida sino también en la de ellos.

Un llamado al ministerio es un llamado a prepararse

Cuando Dios llama a alguien al ministerio vocacional, lo llama a prepararse. Al esperar que el Señor te muestre el camino que tiene para ti, puedes ser intencional en cuanto a tu preparación.

Yo pasé muchos años ministrando en el sur de Luisiana y tuve la bendición de experimentar una rica comunión con los pastores en esta zona pantanosa. Uno de los pastores compartió con nosotros algo que nunca he olvidado. Dijo: «Es mucho más fácil para Dios dirigir una embarcación en movimiento que una amarrada al muelle». En otras palabras, obedece a Dios en las cosas que sabes que Él quiere que hagas, y a medida que seas fiel para obedecerlo en esas cosas, Él revelará más de su voluntad y propósito para que puedas confiar en Él y obedecer. Me encanta lo que dice Proverbios 4:18: «La senda de los justos se asemeja a los primeros albores de la aurora: su esplendor va en aumento hasta que el día alcanza su plenitud».

Mientras esperas, permíteme sugerirte varias cosas que puedes hacer intencionalmente y que te ayudarán a prepararte para llevar a cabo el ministerio al que Dios te ha llamado.

- Proponte crecer espiritualmente.
- Conéctate con una iglesia local.
- Busca mentores piadosos.
- Trabaja con un grupo al que puedas rendir cuentas (grupo de apoyo).
- Continúa tu educación.

Proponte crecer espiritualmente

El primer paso que debes dar mientras esperas en Dios es buscar el crecimiento espiritual. Una relación creciente con Cristo no es opcional; es esencial. Cultivar una relación profunda e íntima con Jesús debe ser el deseo de todo seguidor de Cristo, pero también y especialmente para aquellos a quienes Él está llamado al ministerio vocacional.

Llama mucho mi atención lo que dice el apóstol Pablo en Filipenses 3:10: «Lo he perdido todo a fin de conocer a Cristo, experimentar el poder que se manifestó en su resurrección, participar en sus sufrimientos y llegar a ser semejante a él en su muerte». La Biblia Reina Valera Actualizada (RVA-2015) comienza el versículo 10 con: «Anhelo conocerlo a él». ¡Más que cualquier otra cosa, Pablo desea conocer a Cristo! ¡Quiere tener una relación profunda, íntima y creciente con Jesucristo!

¿Y tú? ¿Es ese tu deseo: conocer a Cristo más que a nadie o cualquier otra cosa? Mientras esperas que Dios te indique cuáles son los próximos pasos que debes de dar, cultiva tu relación con Dios para que puedas discernir su voluntad y propósito para tu vida. Observa lo que dice el salmista:

Quien en ti pone su esperanza
jamás será avergonzado;
pero quedarán en vergüenza
los que traicionan sin razón.
Señor, hazme conocer tus caminos;
y enséñame tus sendas.
Encamíname en tu verdad.
Y enséñame,
porque tú eres mi Dios y mi salvación.
¡En ti pongo mi esperanza todo el día! (Salmo 25:3-5)

Este salmo asegura que ninguno de los que confían en el Señor «será avergonzado». Continúa diciendo: «En ti pongo mi esperanza todo el día». ¡Esta es una hermosa imagen de su total dependencia de Dios! El salmista está descansando en la gracia de Dios y confiando en las promesas de Dios. Mientras esperas, descansa en el Señor confiando en que a medida que crezcas espiritualmente Él te revelará los próximos pasos.

Principales formas en las que Dios nos hace crecer

En su libro *Disciplinas espirituales para la vida cristiana*, el autor Donald Whitney comparte que hay tres catalizadores que Dios usa para hacernos crecer: las personas, las circunstancias y las disciplinas espirituales. Continúa diciendo: «No tenemos ningún control sobre las personas que Dios trae a nuestras vidas o nuestras circunstancias, pero podemos ser intencionales al pasar tiempo con Dios a través de las disciplinas espirituales».[20] De hecho, el apóstol Pablo dice: «ejercítate en la devoción» (1 Ti 4:7).

No veas las disciplinas espirituales como un fin en sí mismas, sino míralas como un medio para un fin: conectarte con Dios. A medida que pases tiempo con Dios, aprenderás más sobre su carácter, su propósito y sus caminos. Nota 2 Corintios 3:18: «Así, todos nosotros, que con el rostro descubierto reflejamos como en un espejo la gloria del Señor, somos transformados a su semejanza con más y más gloria por la acción del Señor, que es el Espíritu». Según Pablo, al contemplar al Señor Jesús, serás transformado a su imagen. Y lo contemplarás al pasar tiempo sin obstáculos y sin interrupciones con Él en su Palabra y oración (junto con las otras disciplinas espirituales).

Dispón tu corazón a recibir de Dios

El difunto Jerry Bridges dijo una vez: «La santificación es una obra que Dios hace, pero requiere nuestro esfuerzo».[21] Creo que «nuestro esfuerzo» es disponer nuestro corazón a recibir de Dios. Esto se hace principalmente *permaneciendo en Cristo*. Mira lo que Jesús dice en el Evangelio de Juan: «Permanezcan en mí y yo permaneceré en ustedes. Así como ninguna rama puede dar fruto por sí misma, sino que tiene que permanecer en la vid, así tampoco ustedes pueden dar fruto si no permanecen en mí. Yo

---

[20] Donald S. Whitney, *Spiritual Disciplines for the Christian Life* (Colorado Springs, CO: NavPress, 2014), 21, http://hcf-india.org/wp-content/uploads/2021/01/Spiritual-Disciplines-for-the-Christian-Life-by-Donald-S.-Whitney.pdf. [Este libro se encuentra en español bajo el título *Disciplinas espirituales para la vida cristiaa* (Colorado Springs, CO: NavPress, 2016).]

[21] Jerry Bridges, Transforming Grace [La gracia transformadora] (Colorado Springs: Tyndale Publishing House, 1991), 25. [Este libro se encuentra en español bajo el título *La gracia transformadora* (Graham, NC: Faro de Gracia, 2020).]

soy la vid y ustedes son las ramas. El que permanece en mí, como yo en él, dará mucho fruto; separados de mí no pueden ustedes hacer nada» (Jn 15:4-5).

Debes tener la intención de estar, continuar y permanecer en Cristo. Esta es la clave para la salud, el crecimiento y el llevar fruto espiritual. A medida que tú (una rama) permanezcas en Jesús (la Vid Verdadera), Él te proporcionará todos los recursos que necesites para la vida espiritual y la piedad. La clave para una vida abundante es estar vitalmente conectado con Jesús. Entonces, mientras esperas, ¡busca el crecimiento espiritual!

Conéctate con una iglesia local

Observa lo que dice el escritor del Libro de Hebreos en 10:24-25: «Preocupémonos los unos por los otros, a fin de estimularnos al amor y a las buenas obras. No dejemos de congregarnos, como acostumbran hacer algunos, sino animémonos unos a otros, y con mayor razón ahora que vemos que aquel día se acerca». Considera la frase: «No dejemos de congregarnos, como acostumbran hacer algunos». Aparentemente, no ser fiel en asistir regularmente a la asamblea de creyentes no es un fenómeno nuevo; también era un problema en la iglesia primitiva.

Recuerda que fuiste creado para estar en comunidad

Como nuevo creyente en Cristo, el hombre que me discipuló me ayudó a comprender que la vida cristiana nunca estuvo destinada para vivirse en soledad. Me enseñó que la iglesia estaba formada por los «llamados». Como seguidores de Cristo, hemos sido llamados a salir del mundo y a tener comunión con Dios y su pueblo.

Esto se refleja en Hechos 2. En el día de Pentecostés, Pedro fue lleno del Espíritu Santo y predicó el evangelio. La Biblia registra que tres mil personas llegaron a la fe en Cristo y fueron bautizadas. Observa lo que las Escrituras dicen que estaban haciendo en Hechos 2:42: «Se mantenían firmes en la enseñanza de los apóstoles, en la comunión, en el partimiento del pan y en la oración». Además observa lo que dicen los versículos 46 y 47:

No dejaban de reunirse unánimes en el Templo ni un solo día. De casa en casa partían el pan y compartían la comida con alegría y generosidad, alabando a Dios y disfrutando de la estimación general del pueblo. Y cada día el Señor añadía al grupo los que iban siendo salvos.

Estos creyentes se reunían corporativamente para adorar y en pequeños grupos de casa en casa. Escucha: ¡Dios te creó para estar en comunidad! Si no eres parte de una iglesia local, déjame animarte a identificarte con un cuerpo local de creyentes.

Conoce al pastor y a otros líderes espirituales

A medida que te conectas con la iglesia, haz que sea una prioridad pasar algún tiempo con el pastor u otros líderes espirituales de la iglesia para compartir lo que Dios está haciendo en tu vida. Programa una cita con el pastor o su asistente para almorzar o tomar un café con el pastor en lugar de hablar con él antes o después de los servicios en el pasillo. Debido a la importancia de lo que Dios está haciendo en tu vida, será mejor que compartas tu historia sin interrupciones.

Si el pastor no está disponible, pregúntale si tal vez alguno de los líderes pueda reunirse contigo para darte algún consejo. En cualquier caso, los pastores y miembros del personal piadosos pueden ser un recurso valioso mientras te preparas para los próximos pasos. ¿Por qué? Porque saben por lo que estás pasando y pueden identificarse con lo que estás sintiendo y experimentando.

Sé voluntario en un equipo de servicio

Uno de los pasos más fáciles y prácticos que puedes tomar es ser voluntario con un equipo de servicio. Muchas iglesias tienen una forma que se llama «Inventario de dones espirituales». Llenarla te ayudará a descubrir tus dones espirituales. Además, lo que te apasiona también puede ayudarte a llegar al «equipo correcto». Si la iglesia es pequeña, es posible que desees comenzar hablando con el pastor o los líderes laicos de la iglesia para determinar la opción adecuada para ti. Esta capacitación en el trabajo puede ser invaluable para descubrir y desarrollar tus dones y habilidades espirituales.

Rinde cuentas

Según Webster, la rendición de cuentas es «la obligación de informar, explicar o justificar; ser responsable o responder ante alguien».[22] En términos prácticos, las relaciones responsables solo pueden ocurrir cuando les damos permiso a otros para caminar junto a nosotros, observar nuestra forma de vida y decirnos las cosas que no están a la altura de Cristo.

En este punto algunos pueden retroceder y decir: «¿Por qué necesito a otros cuando el Espíritu Santo habita en mí?». Si bien eso es cierto, es fácil ser engañado. Todos tenemos puntos ciegos. Nos hemos convencido a nosotros mismos de pensar que todo está bien, cuando seguimos teniendo hábitos dañinos, comportamientos destructivos o actitudes y acciones que no honran a Dios. Esa es la razón por la cual necesitamos amigos de confianza que nos amen lo suficiente como para decirnos la verdad. ¡Eso es por lo que todos necesitamos desesperadamente rendirle cuentas a alguien!

Busca mentores piadosos

La primera forma en que puedes empezar a rendir cuentas durante este tiempo crucial, es buscar mentores piadosos, hombres o mujeres que caminen con Dios y lo busquen. Estas personas ya han recorrido el camino que estás empezando y se basarán en su experiencia para proporcionarte sabiduría y conocimiento. Ya han aprendido por experiencia y pueden ayudarte a evitar caídas innecesarias y ver las cosas desde otra perspectiva. Como dice la Escritura en Proverbios: «Sin dirección, la nación fracasa; la victoria se alcanza con muchos consejeros» (Pr 11:14).

Cuando era estudiante universitario en LSU (Universidad del Estado de Luisiana), dos hombres realmente me ayudaron mientras trataba de discernir la voluntad de Dios con respecto a mi llamado: Frank Horton (mi director del grupo BSU[23]) y Don Tabb (pastor de la capilla en el campus universitario). Estos hombres me ministraron a través de su retroalimentación, sus oraciones por mí y brindándome comentarios muy

---

[22] *The Merriam-Webster Dictionary*, 11a. ed., s. v. «accountability» [rendición de cuentas].

[23] BSU son las siglas de Black Student Union, una comunidad de apoyo para los estudiantes afroamericanos de la Universidad del Estado de Luisiana (LSU).

necesarios. Siempre parecían tener una buena palabra, y me animaron a seguir el llamado de Dios en mi vida.

Únete a un grupo de discipulado

Además, te animo a unirte a un grupo de discipulado o un grupo pequeño que se enfoque en el crecimiento espiritual y la rendición de cuentas. Lo que quieres en este tiempo es caminar junto con otros hombres y mujeres que buscan a Cristo y su llamado en sus vidas. Fíjate en lo que dice Proverbios 27:17: «El hierro se afila con el hierro y el hombre en el trato con el hombre». Aquellos que buscan el llamado de Dios en sus vidas y están tratando de descubrir los próximos pasos a tomar, necesitan que otros los acompañen en el camino para crecer espiritualmente y responsabilizarse unos de otros.

Busca enriquecer tu vida

Durante los últimos años, antes de llegar al lugar donde actualmente estoy, serví en dos iglesias más grandes en Tennessee: la Iglesia Bautista Brainerd en Chattanooga y la Iglesia Long Hollow en Hendersonville. Mientras servía allí, noté que varios hombres estaban luchando con un llamado al ministerio vocacional y no tenían a nadie que caminara con ellos y les diera retroalimentación. Además, había varios hombres más jóvenes que eran pasantes o estaban en nuestro personal que eran nuevos en el ministerio y, por lo tanto, carecían de experiencia ministerial. Varios de los jóvenes cursaron el seminario en línea y nunca tuvieron un foro para discutir con otros la teología o los conceptos que estaban aprendiendo en sus clases o de los libros que estaban leyendo. Al observar todas estas cosas, me sentí inspirado a comenzar un grupo al que llamé «Irreprensible».

El nombre proviene de 1 Timoteo 3:2, donde Pablo establece los requisitos para un anciano en la iglesia: «Pero es necesario que el obispo sea irreprensible y que tenga una sola esposa; que sea sobrio, prudente, decoroso, hospedador, apto para enseñar» (RVC[24]). Ten en cuenta que ser «irreprensible» es la primera cualidad de la lista. Me pareció que era

---

[24] RVC son las siglas para la Santa Biblia Reina Valera Contemporánea, Sociedades Bíblicas Unidas, 2009, 2011.

un nombre apropiado, especialmente porque muchos hombres dejaban el ministerio porque su habilidad superaba su carácter.

Con el primer grupo caminamos a través de las Epístolas Pastorales, aprendimos cómo hacer un estudio bíblico inductivo, aprendimos también los pasos básicos para el sermón, discutimos temas confrontacionales en la vida de la iglesia, hablamos sobre las luchas y oramos juntos.

Cuando fui a Long Hollow, en lugar de hacer un grupo continuo (con hombres entrando y saliendo), adopté un enfoque semestral con fechas de inicio y finalización. Esto nos permitió tener vacaciones y veranos libres. Este es el enfoque que yo recomendaría.

Pastor, permítame animarlo. Cuando tenga hombres que estén luchando con un llamado al ministerio vocacional, camine con ellos y bríndeles retroalimentación para ayudarlos a seguir el llamado que Dios ha puesto en sus vidas. Muchos de los hombres que han estado en estos grupos conmigo ahora están en el ministerio vocacional de tiempo completo y son siervos selectos de Dios. Pastor, sé que está muy ocupado, pero permítame alentarlo a invertir en estos líderes que van surgiendo.

Continúa tu educación

Puede que algunos de ustedes se sientan guiados a algún tipo de educación continua. Hay tantas cosas que se pueden aprovechar: desde conferencias, seminarios, cursos en línea, clases magistrales, hasta una variedad de podcasts y canales de YouTube. Otros pueden querer seguir una educación más formal inscribiéndose en un colegio bíblico o seminario. Déjame animarte a probar las aguas con un certificado o título básico. He tenido hombres en mi Grupo Irreprensible que han obtenido certificados de seminarios y también maestrías básicas, como la Maestría en Ministerios Cristianos. Es una buena práctica asegurarse de buscar el enriquecimiento mientras averiguas cuáles son los próximos pasos para continuar hacia adelante.

Sección 2
La vida de Timoteo y lecciones de liderazgo

Un estudio sobre alguien que fue llamado

Rob Millman

Uno de los grandes privilegios de la vida es ser asesorado por un maestro increíble. Uno de los mejores ejemplos bíblicos de tutoría es la relación entre el apóstol Pablo y Timoteo.

Pablo habría conocido a Timoteo por primera vez aproximadamente en el año 50 d. C., cuando Timoteo tenía entre veintidós y veintitrés años de edad. En Hechos 16:2, Lucas escribió que los creyentes tanto en Listra como en Iconio hablaban bien de Timoteo. Basados en esta información, según los eruditos de la Biblia, Timoteo habría viajado entre ambas ciudades y habría desarrollado relaciones con la gente local mientras lo admiraban y elogiaban.

No se menciona nada del padre de Timoteo, excepto que era griego. Por lo tanto, fue asesorado por su madre Eunice y su abuela Loida (como se señala en 2 Timoteo 1:5). Ambas mujeres probablemente se encontraron con Pablo durante su primer viaje misionero a Listra en el año 46 d. C. El relato de este viaje se menciona en Hechos 14.

Fue durante la primera visita de Pablo y Bernabé a Listra que un hombre lisiado fue sanado por el poder de Dios, y los lugareños los confundieron con *dioses*. Creían que Bernabé era Zeus y Pablo era Hermes. Un sacerdote local de estos dioses paganos trajo un toro y coronas para ser sacrificados, y tanto Pablo como Bernabé rasgaron sus vestiduras, explicando a la gente que no eran dioses, pero que conocían a un *Dios vivo* en quien ellos podían confiar.

Las Escrituras indican que Pablo y Bernabé apenas impidieron que los sacerdotes les ofrecieran sacrificios. Pero por otro lado las Escrituras también mencionan que hombres judíos que no creían en Jesús como el Mesías vinieron de Antioquía e Iconio. Estos hombres se ganaron a las multitudes, las cuales se unieron y apedrearon a Pablo. Pensando que estaba muerto, lo arrastraron fuera de la ciudad.

Los discípulos creyentes se reunieron alrededor de Pablo, quien milagrosamente se levantó, regresó a la ciudad, y al día siguiente, junto con Bernabé, viajó a Derbe. Pablo y Bernabé regresaron a Listra para animar y fortalecer a los creyentes y ayudarlos a elegir ancianos para la iglesia. Ellos dejaron una impresión duradera en los creyentes de Listra, y su influencia sobre esta iglesia probablemente influyó fuertemente en la madre de Timoteo, Eunice y en su abuela Loida.

Durante la primera visita de Pablo a Listra, Timoteo probablemente habría sido un adolescente. Pudo haber sido un testigo de primera mano del ministerio de Pablo y Bernabé, lo cual estampó en su memoria su dramática resistencia, creando una fuerte impresión de la mano de Dios en su vida.

En la segunda carta de Pablo a Timoteo, escribió: «Pero tú permanece firme en lo que has aprendido y de lo cual estás convencido, pues sabes de quiénes lo aprendiste. Desde tu niñez conoces las Sagradas Escrituras, que pueden darte la sabiduría necesaria para la salvación mediante la fe en Cristo Jesús» (2 Ti 3:14-15). Como su padre era griego, es decir, gentil, Timoteo seguramente aprendió las Escrituras de su madre, que era judía. En el contexto de la tradición judía del primer siglo, un niño comenzaba su formación religiosa a los cinco años y continuaba hasta que cumplía sus doce o trece años. Evidentemente la madre y la abuela de Timoteo le proporcionaron la educación religiosa tradicional necesaria para ser parte de la sociedad judía.

Al reflexionar sobre esta parte de la vida de Timoteo, hay un par de puntos clave en los que nos vamos a detener. El primer punto es darse cuenta de la importancia de discipular a los niños desde una edad temprana. La madre y la abuela de Timoteo fueron una fuerte influencia en la formación de su carácter y crecimiento espiritual desde el día en que nació.

En la sociedad actual, debemos seguir su ejemplo. En un estudio de Barna del 2020 titulado «Guiar a los niños», se señaló la siguiente observación: «Los niños que son más activos en la iglesia tienden a hablar de la Biblia fuera de la iglesia, a asistir a actividades de la iglesia que no sean la adoración dominical (como estudios bíblicos, campamentos o eventos para niños/jóvenes) y a orar junto con su familia. También tienen aproximadamente el doble de probabilidades de participar en actividades de evangelismo y voluntariado, lo que demuestra que el nivel de dedicación que se haga en este grupo a la misión general de la iglesia no solo se debe enfocar internamente, sino que se debe expresar en la acción externa».[25] Esto proporciona el apoyo necesario para que los líderes de la iglesia desarrollen y mantengan programas infantiles vibrantes, especialmente porque la probabilidad de tomar la decisión de seguir a Cristo es mayor a una edad temprana.

Además, los pastores necesitan identificar a hombres que pastoreen. En Hechos 16:3 leemos que Pablo eligió a Timoteo. Era una elección obvia porque era activo en la iglesia y mostraba buen carácter y liderazgo. Timoteo no solo hablaba griego sino también el licaónico local, y tal vez pudo ayudar a Pablo y Silas a comunicarse mejor con los demás. Timoteo también estaba preparado espiritualmente por la manera en la que fue criado, y lo más probable es que poseyera un corazón de siervo y un espíritu moldeable para aprender y crecer. Pablo lo eligió. La pregunta para los líderes de la iglesia de hoy es: ¿A quiénes están eligiendo para ayudar a crecer y desarrollarse como parte de su grupo de discípulos?

Un nuevo comienzo

En Hechos 16, Timoteo comenzó un nuevo capítulo en su vida cuando Pablo vio en él los rasgos esenciales para propagar el mensaje del evangelio; poseía la disposición y el temperamento necesarios. Su obediencia se observa primeramente en su disposición a ser circuncidado para ser más aceptado por aquellos con ascendencia judía. Esto le permitiría entrar en las sinagogas; por lo tanto, su sumisión fue útil. Esta es la lección número uno: «Dios solo da asignaciones cuando tenemos el carácter para llevarlas a cabo».[26]

Los ancianos de las iglesias de Listra y Derbe conocían el carácter de Timoteo, y Dios eligió en su tiempo el siguiente paso para su viaje espiritual. Pablo ordenó a Timoteo para el servicio, como se señala en 1 Timoteo 4:14. Un recordatorio para los pastores ocupados, especialmente en una iglesia más grande, es escuchar la voz de sus ancianos. A través

---

[25] Barna, «58 % of Highly Engaged Christian Parents Choose a Church with the Kids in Mind» [El 58 % de los padres cristianos bien comprometidos escogen una iglesia con sus hijos en mente], Barna Research Group, 30 de enero de 2020, https://www.barna.com/research/children-church-home/.

[26] Bob Burton, *The Spiritual DNA of a Church on Mission* (Nashville: B&H, 2020), 59.

de la interacción de ellos con la gente y su observación más intencional, puede que conozcan a un Timoteo entre ustedes, un hombre piadoso que posea amor por Jesús, pasión por las almas y compasión por los perdidos.

Cuando Timoteo inició su jornada con Pablo, esta realmente había comenzado años antes, con las lecciones aprendidas en la infancia. Fue la *culminación* de las lecciones que desarrollaron su carácter. La educación espiritual de Timoteo sin duda se aceleró todos los días en sus viajes, ya que Pablo y Silas lo guiaron en el conocimiento de Dios a través de la Palabra, de sus conversaciones, compromisos e interacciones con aquellos que conocieron.

Los que buscan la voluntad de Dios para su vida también pueden aprender aquí una valiosa lección. Participen en una relación de mentoría con otros. Es por eso que un grupo diseñado para el discipulado y la rendición de cuentas es tan vital, ya que proporciona un lugar seguro para interactuar con los demás y crecer en la fe, así como para ser asesorado y fortalecido.

Pastores, no olviden la importancia de este proceso para su propio crecimiento espiritual. Pablo trajo a Timoteo para que sirviera, no solo al ministerio, sino a sí mismo. Con este ejemplo en mente, los pastores de hoy también deben identificar a varones a quienes puedan levantar para el servicio. Estos nuevos líderes —jóvenes y hombres de edad avanzada— pueden ayudar a un pastor en el trabajo espiritual en función de sus habilidades. Este sistema de liderazgo permite a los hombres crecer espiritualmente a través de la participación en las áreas de cuidado de los miembros, discipulado y evangelismo.

Este fue el segundo viaje misionero de Pablo, donde estos tres hombres —Pablo, Silas y Timoteo— llevaron el mensaje del evangelio a Filipos, Tesalónica, Berea, Atenas y Corinto. Para el joven Timoteo esto habría sido toda una aventura. Imagínate la emoción y las conversaciones que tuvieron mientras navegaban desde Troas a través del mar Egeo hasta Neápolis y luego a Filipos. Este joven criado en la fe, comisionado para acompañar al mismo apóstol Pablo, habría estado absolutamente emocionado por la misión que estaban realizando.

Aquí es donde las Escrituras narran su encuentro con Lidia. Como no había una sinagoga judía allí, los tres hombres en este viaje misionero salieron de la ciudad a lo largo de un río cercano para encontrar un lugar dónde orar. Allí se encontraron con un grupo de mujeres y les compartieron el mensaje del evangelio. Al escucharlo, Lidia y toda su casa creyeron y se bautizaron. Esta es una buena enseñanza para los cristianos de hoy: Impacta de manera positiva dondequiera que estés. No es necesario tener lo que la mayoría considera «condiciones perfectas» para la adoración; Dios está contigo en todas partes.

Solo podemos conjeturar sobre lo que sucedió después; que mientras Pablo y Silas se iban encontrando con la multitud en Filipos, Pablo pudo haber sentido el peligro y, para proteger a Timoteo, lo despidió. Tal vez Timoteo aún estaba ministrando a las personas que conocieron a lo largo del río. Esto es lo que sí sabemos, y es que Pablo tenía una afinidad paternal hacia Timoteo, y en la situación de Filipos lo habría protegido. Pablo y Silas fueron golpeados con varas, encarcelados y luego liberados por la providencia de Dios.

Así que más tarde, cuando Pablo fue encarcelado en Roma, le escribió a Timoteo: «Pues Dios no nos ha dado un espíritu de timidez, sino de poder, de amor y de dominio propio» (2 Ti 1:7). A medida que vas discerniendo el llamado al ministerio, ten en cuenta que no siempre será fácil, pero nunca estarás solo. Dios equipa y guía a aquellos a quienes llama, y Dios tiene un llamado para ti.

Uno que honra a Dios

El significado del nombre de Timoteo es «uno que honra a Dios», lo que enmarca perfectamente la naturaleza distintiva de su carácter. Se observa a lo largo de su ministerio que perseveró en su diligencia para emular a Pablo y servirle bien. Proclamó el mensaje del evangelio en entornos difíciles y lugares donde requería que permaneciera firme en la fe y que perseverara frente a las luchas. Estos atributos básicos —la perseverancia, la proclamación del evangelio y el mantenerse firme— son tan relevantes hoy como lo fueron hace dos milenios cuando Pablo fue mentor de Timoteo.

La iglesia de hoy en América del Norte está al borde del abismo, ya que 281 millones de personas no conocen a Jesús. Esto significa que pastoreamos iglesias en un tiempo con circunstancias que se sienten similares a las que Pablo y Timoteo encontraron en Corinto. En su primera carta a los Corintios, Pablo escribió lo siguiente:

Todo esto es por el bien de ustedes, para que la gracia que está alcanzando

a más y más personas haga abundar la acción de gracias para la gloria de Dios. Por tanto, no nos desanimamos. Al contrario, aunque por fuera nos vamos desgastando, por dentro nos vamos renovando día tras día. Pues los sufrimientos ligeros y efímeros que ahora padecemos producen una gloria eterna que vale muchísimo más que todo sufrimiento.
(2 Corintios 4:15-17)

Pablo sabía que podía contar con Timoteo para ser un líder fuerte; y, al igual que Pablo, Timoteo también fue un padre en Cristo para muchos. Timoteo pastoreó a los corintios y más tarde a la iglesia en Éfeso. No fue un trabajo fácil, ya que la iglesia se encontró con la disfunción al lidiar con la inmoralidad, las demandas entre creyentes, los desafíos con el matrimonio y muchos otros problemas. Los pastores de hoy enfrentan estas mismas situaciones, con las que deben interactuar mostrando un alto grado de integridad, comprensión y sólidas habilidades sociales.

Brian Croft, autor de *Revitalización bíblica de la iglesia*, enumera las cualidades y habilidades esenciales que debe poseer el pastor de hoy:

- ser visionario,
- alta tolerancia al dolor,
- respeto y pasión por el legado de la iglesia,
- pasión por el ministerio multigeneracional,
- generalista ingenioso,
- paciencia táctica,
- conciencia emocional, y
- perseverancia conyugal.[27]

A medida que uno discierne su llamado al ministerio, debe evaluar su naturaleza personal para cumplir con el papel de pastor y así pastorear a otros. Un hombre debe evaluar su carácter para ser siervo de Jesucristo, para permanecer fiel a la Palabra, para ser fuerte en la gracia y para darse cuenta de que la lucha es real. Habrá ataques de adentro y de afuera.

Timoteo enfrentó ambos mientras pastoreaba la iglesia en Éfeso. Se

---

[27] Brian Croft, *Biblical Church Revitalization* (Glasgow: Christian Focus, 2016), 34. [Este libro se encuentra en español bajo el título *Revitalización bíblica de la iglesia* (Envigado, Colombia: Poiema Publicaciones, 2023).]

requiere fortaleza espiritual y una creencia inquebrantable en la pureza del mensaje del evangelio. Timoteo fue compañero de trabajo de Pablo y compañero de viaje. Juntos compartieron el evangelio en toda la región de Macedonia. Pablo lo conocía bien, lo educó y lo trató como a su hijo. Debido a su fuerte relación y porque conocía la profundidad de su carácter, Pablo le confió a Timoteo que cumpliera la voluntad y el propósito de Dios en la iglesia.

Cuando un hombre está considerando su propósito y llamado al ministerio es el momento perfecto para la introspección y la reflexión, para evaluar la fuerza de su fe y cómo Dios desea usarlo durante su tiempo en esta tierra. En 1729, Juan Wesley y su hermano Carlos formaron el *Holy Club* (Club Santo) en la Iglesia de Cristo en Oxford, Inglaterra. El club incluía a Jorge Whitefield y otros que se reunían para orar, estudiar la Biblia, reflexionar y rendir cuentas. Desarrollaron una lista de veintidós preguntas para hacerse mientras tenían sus devocionales personales. Aquí hay una muestra de cuatro preguntas de esa lista para considerar al contemplar tu llamado al ministerio: ¿Pueden otros confiar en mí? ¿Cuándo fue la última vez que hablé con alguien sobre mi fe? ¿Estoy desobedeciendo a Dios en algo? ¿Es Cristo real para mí?

Basado en las Escrituras, es evidente que Timoteo podría proporcionar respuestas sólidas para todas estas preguntas. Pablo confiaba en él implícitamente para anunciar el evangelio, pastorear y ministrar a otros. Obviamente compartió su fe con muchos. Cristo era muy real para él, como se atestigua en el testimonio de Pablo cuando lo llama «mi verdadero hijo en la fe» (1 Ti 1:2). ¿Cuáles son tus respuestas?

Liderazgo en la casa de Dios

En la carta de Pablo a los Filipenses, escribió:

> *Espero en el Señor Jesús enviarles pronto a Timoteo, para que también yo cobre ánimo al recibir noticias de ustedes. Nadie como él se preocupa de veras por el bienestar de ustedes, pues todos los demás buscan sus propios intereses y no los de Jesucristo. Pero ustedes conocen bien la entereza de carácter de Timoteo, que ha servido conmigo en la obra del evangelio, como un hijo junto a su padre. (Filipenses 2:19-22).*

Uno de los sellos distintivos del líder es confiar en aquellos a quienes lidera para que compartan los mismos valores, transmitan el mismo mensaje, cuiden a los demás con el mismo nivel de empatía y expresen el carácter y el servicio del más alto nivel a aquellos a quienes sirven. Pablo fue mentor de Timoteo en sus muchos viajes y conocía bien su carácter. Timoteo era fiel a la fe y tenía ideas afines a su maestro. Por estas razones, Pablo se fue a Macedonia después de dejar a Timoteo para dirigir la iglesia en Éfeso. Fue durante este tiempo que Pablo escribió su primera carta a Timoteo para animarlo. Algunos eruditos bíblicos afirman que el quid principal de esta carta se refleja en el tercer capítulo: «Si me retraso, sepas cómo hay que portarse en la casa de Dios, que es la iglesia del Dios viviente, columna y fundamento de la verdad» (1 Ti 3:15).

Se podría decir que este versículo clave encapsula todo el mensaje de la primera carta de Pablo a Timoteo. El deseo de Pablo era proporcionar información práctica para que Timoteo supervisara la iglesia de Éfeso. La iglesia es la casa del Dios vivo; Él es el gobernante de la iglesia, es el arquitecto y el constructor de la iglesia; Él mora allí y la sustenta.

La iglesia de Éfeso no estuvo exenta de males, ya que prevalecía la falsa doctrina y se usaba mal la ley. Pablo instruyó a Timoteo para que peleara la buena batalla y notó que algunos habían naufragado en su fe al creer en falsas enseñanzas. No se puede sobreenfatizar que, en nuestros tiempos modernos, los líderes de la iglesia (pastores, predicadores y maestros) deben poseer fortaleza espiritual y una creencia inquebrantable en la pureza del mensaje del evangelio. Pablo menciona a los falsos maestros Himeneo y Alejandro en 1 Timoteo 1:20. Nuestra cultura actual tampoco está exenta de falsos maestros que son muy convincentes en su entrega y métodos para atraer y desviar a la gente del camino. Es por eso que un liderazgo fuerte es imperativo para proclamar la verdad.

Lamentablemente, en nuestra sociedad hay predicadores parados en púlpitos que son engañadores que predican evangelios falsos. Considera algunos de estos evangelios falsos:

- El evangelio de la religión, que dice que eres salvo por tus buenas obras.
- El evangelio del moralismo, que dice que si eres una buena persona, Dios te dejará entrar al cielo.

- El evangelio de la autoayuda, que enseña que Dios te ayudará a vivir tu mejor vida ahora.
- El evangelio de señales y prodigios, que dice que si realmente eres salvo, tienes que ver milagros.

Y hay más: el evangelio terapéutico, el evangelio de la justicia social y el evangelio de la prosperidad, solo por nombrar algunos.

¿Es tu evangelio *el evangelio*? ¿El que se centra en la persona, la muerte y la resurrección de Jesús? Debemos predicar solo la verdad. ¡Somos salvos por gracia, a través de la fe en nuestro Señor Jesucristo, porque fue clavado en la cruz para pagar por nuestros pecados y redimirnos al tomar nuestro lugar y reconciliarnos con el Padre! Esta es la verdad que Pablo confió a Timoteo y le encargó que enseñara. Pablo escribió en su carta a los Gálatas:

Pero aun si alguno de nosotros o un ángel del cielo les predicara acerca de unas buenas noticias distintas de las que hemos predicado, ¡que caiga bajo maldición! Como ya lo hemos dicho, ahora lo repito: si alguien anda predicando un mensaje distinto del que recibieron, ¡que caiga bajo maldición! (Gálatas 1:8-9)

La casa de Dios es el pilar y el fundamento de la verdad, y es importante que un hombre que busca la voluntad de Dios siga adelante con su llamado al estudiar y conocer la Palabra. Un hombre debe buscar la verdad y saber cuál es su fundamento. Es esencial, a medida que uno discierne un llamado al ministerio, tener mentores espirituales fuertes y un entusiasmo por aprender y avanzar en sus estudios. El discípulo de Pablo, Timoteo, es un ejemplo sólido de cómo los hombres de hoy deben permanecer firmes en el verdadero mensaje del evangelio, mantenerse firmes frente a las pruebas y predicar la verdad.

Devoción incondicional

Timoteo poseía una devoción no fingida a Dios. Su fe era genuina y auténtica; estaba dedicado a la verdad. Timoteo siguió voluntariamente a Pablo como siervo de Dios, sabiendo lo que sucedió en Listra, y estaba dispuesto a aceptar las dificultades de ser un verdadero seguidor de Cristo. Pablo llegó a querer mucho a Timoteo y desarrolló una fuerte relación paternal con él.

Las dos cartas de Pablo a Timoteo se han hecho conocidas a lo largo de los siglos como parte de las Epístolas Pastorales, junto con la carta a Tito. Las cartas fueron escritas para brindarle a Timoteo consuelo, fortaleza e instrucción sobre cómo administrar adecuadamente la iglesia. Los seguidores de Jesús todavía eran un grupo pequeño de creyentes, y algunos estaban fuera de curso en sus creencias, pero Pablo escribió estas cartas a Timoteo para proporcionar dirección y reforzar su diligencia para estabilizar la iglesia.

En su primera carta, Pablo le recordó a Timoteo que fuera un ejemplo en palabra, amor, fe y pureza (1 Ti 4:12). Pablo también escribió un buen consejo para Timoteo y los creyentes de hoy, especialmente para aquellos que son líderes y contemplan el servicio en el ministerio vocacional: «Ten cuidado de tu conducta y de tu enseñanza. Persevera en todo ello, porque así te salvarás a ti mismo y a los que te escuchen» (1 Ti 4:16).

Segunda a Timoteo fue la última carta escrita por Pablo cuando él mismo estaba en medio de un juicio, y era evidente para él que su destino era terrible. Instó a Timoteo a permanecer fiel. Había otros creyentes que dudaban del verdadero apostolado de Pablo ya que había sido encarcelado varias veces, pero aun así Pablo instó a Timoteo a no avergonzarse del evangelio y a permanecer leal a la fe, aferrándose a un patrón de sana enseñanza (1:11-13). En el segundo capítulo de esta carta, Pablo compartió tres ejemplos de fidelidad: la de un soldado, la de un atleta y la de un agricultor, animando a Timoteo que se comprometiera con algo más grande para llevar a cabo la obra del Señor. También reflexionó sobre la crucifixión de Jesús y su propio encarcelamiento, que ilustran cómo seguir a Cristo requiere perseverancia. Mira cómo Pablo escribió acerca de soportar las pruebas con devoción a Jesús:

> *Este mensaje es digno de crédito: Si morimos con él, también viviremos con él; si resistimos, también reinaremos con él. Si lo negamos, también él nos negará; si somos infieles, él sigue siendo fiel, ya que no puede negarse a sí mismo. (2 Timoteo 2:11-13)*

Pablo ordenó a Timoteo que fuera un obrero aprobado, un hombre que busca la justicia, la fe, el amor y la paz, invocando al Señor con un corazón puro (2 Ti 2:22). Animó a Timoteo a guardarse de los que se dedican a hablar en vano, a ser amable en lugar de pendenciero para que Dios «les conceda el arrepentimiento para conocer la verdad» (2 Ti 2:25). En el capítulo 3, Pablo le recordó a Timoteo que toda la Escritura es inspirada por Dios: «Toda la Escritura es inspirada por Dios y útil para enseñar, para reprender, para corregir y para instruir en la justicia, a fin de que el siervo de Dios esté enteramente capacitado para toda buena obra» (2 Ti 3:16-17).

En el capítulo final de esta carta, Pablo animó a Timoteo a predicar la palabra, a persistir en hacerlo, fuera o no fuera oportuno; a corregir, reprender y animar con mucha paciencia, sin dejar de enseñar (2 Ti 4:2). Pablo le encargó a Timoteo que fuera valiente, que predicara la verdad del evangelio aunque él también sufriera. Quería que Timoteo se diera cuenta de que la gente se alejaba de Pablo por predicar la verdad, y quería que Timoteo entendiera claramente que otros también se alejarían de él.

Pablo animó a Timoteo a visitarlo en la cárcel y a llevarle su manto, una prenda sin mangas que había dejado en Troas para abrigarse, así como los rollos y pergaminos. Es posible que estos hayan incluido algunos de sus materiales escritos y las Escrituras en hebreo. No se sabe si Timoteo se dirigió a Roma para cumplir con esta petición.

Lo que se sabe sobre la vida de Timoteo es que fue encarcelado, ya que el escritor de Hebreos mencionó que había sido liberado (He 13:23). La tradición dice que Timoteo fue martirizado en Éfeso cuando tenía más de ochenta años. No hay una explicación clara de cómo murió exactamente; sin embargo, el libro apócrifo Hechos de Timoteo afirma que intentó poner fin a un festival pagano en el que se honraba a Dionisio de Katagogion, en el que los participantes se vestían con disfraces, máscaras y participaban en la inmoralidad sexual y el asesinato. Se registró que Timoteo los exhortó diciendo: «Hombres de Éfeso, no se vuelvan locos por los ídolos, sino reconozcan al que verdaderamente es Dios». En lugar de escuchar a Timoteo, los juerguistas lo atacaron y golpearon. Cuando Timoteo se debatía entre la vida y la muerte, algunos hermanos cristianos lo separaron de la turba y, cuando murió, lo enterraron en un lugar llamado Pión en Éfeso.[28]

Al igual que Pablo, Timoteo peleó la buena batalla y terminó bien la carrera. Su devoción no era falsa en absoluto; consumía todo su corazón. Es realmente mi deseo que nuestras vidas sean así.

---

[28] Got Questions, «How did Timothy die?» [¿Cómo murió Timoteo?], consultado el 6 de agosto de 2023, https://www.gotquestions.org/how-did-Timothy-die.html.

Sección 3
Mentoría de líderes emergentes

Parte 1

Cómo relacionarse con un hombre a quien Dios puede moldear

Rob Millman

Identificar a los líderes emergentes

Uno de los elementos clave para identificar líderes emergentes para el ministerio es desarrollar una actitud de intencionalidad. Requiere que un pastor o líder ministerial se dé cuenta de la importancia de ser muy consciente de aquellos que muestran interés en aprender y crecer en su fe, así como de los que tienen un profundo deseo de servir a los demás. Estas personas pueden ser hombres jóvenes desde preadolescentes hasta veinteañeros que tengan interés en conocer más sobre la fe y que estén buscando oportunidades para servir, esperando que alguien se los pida. Podría ser un hombre de treinta o cincuenta años que se ha dado cuenta de que desea contribuir más al avance del reino; incluso podrían ser hombres mayores que quieran terminar bien sus vidas.

Es importante tener una mente abierta para darse cuenta de que Dios no necesariamente llama al que nosotros creemos que es el «hombre ideal». Considera a Moisés, como se registra en el mensaje de Esteban de Hechos 7. Moisés tenía cuarenta años cuando fue a visitar a los israelitas. Cuarenta años después, un ángel se le apareció desde una zarza ardiente. Por lo tanto, Moisés tenía ochenta años y Dios tenía un plan para él. No tengas miedo de refrescar tu mentalidad y mantener los ojos abiertos para encontrar a aquellos a quienes Dios considera obreros para la expansión de su reino.

Aunque probablemente desees animar a todos en la iglesia a ser hacedores de discípulos o multiplicadores, la realidad es que solo habrá unos pocos que tengan un sentido de llamado al ministerio vocacional. Mateo registró las palabras de Jesús en Mateo 9:37-38: «La cosecha es abundante, pero son pocos los obreros —dijo a sus discípulos—. Por tanto, pidan al Señor de la cosecha que envíe obreros a su campo». Tener en cuenta esta Escritura proporciona claridad en cuanto a lo que Dios quiere que hagamos, según el mandato de Jesús, como un buen primer paso en relación a los obreros.

Haz lo que puedas para eliminar las barreras a las oportunidades naturales de conversación uno a uno. Estos momentos especiales podrían ser después de un servicio de adoración o entre reuniones. Si te sorprendes en una conversación, invita a esa persona a desayunar. Si ya tienes algunas personas en mente, pregúntales si les gustaría tomar un café una vez a la semana para platicar sobre oportunidades para servir a los demás, orar, animarse unos a otros y dialogar sobre su vida espiritual. Tal vez puedas invitar a un pequeño grupo de hombres a participar activamente en un grupo de discipulado semanal, leyendo un plan de lectura de la Biblia, memorizando las Escrituras y proporcionando tiempo para la rendición de cuentas y la oración. Todas estas ideas permiten momentos de intimidad para ayudar a un hombre a discernir la voluntad de Dios para su vida y proporcionar dirección.

¡Persevera con paciencia! El crecimiento espiritual y el discernimiento toman tiempo. En nuestra época de gratificación instantánea, es imperativo darse cuenta de que el proceso de convertir a los hombres en instrumentos que Dios puede usar para su propósito se basa en su horario. P. J. Tibayan, quien pastorea en Bellflower, California, señaló:

No podemos calentar la fidelidad en el microondas. Muchos todavía lo intentan, para su propia decepción y frustración. Cuando carecemos de la perspectiva de que el crecimiento y la madurez toman tiempo, nos damos por vencidos con los demás demasiado pronto y nos sentimos atraídos por el «secreto perdido» de un ministerio efectivo.[29]

---

[29] P. J. Tibayan, «On Raising Men for Ministry» [Sobre levantar hombres para el ministerio], Desiring God, 30 de octubre de 2021, https://www.desiringgod.org/articles/on-raising-men-for-ministry.

A medida que un pastor se vuelve intencional en su deseo y capacidad para guiar a los líderes emergentes, la belleza del evangelio y el deseo de anunciar el mensaje se revelarán dentro de los corazones de aquellos que son verdaderamente llamados.

Un pastor que intencionalmente identifica y desarrolla a los hombres de manera consistente crea un proceso para levantar líderes en la iglesia. Estos hombres pueden ayudar a un pastor a hacer visitas a los enfermos y encarcelados, enseñar clases, dirigir grupos pequeños y predicar en otras oportunidades ofrecidas por la iglesia. Este tipo de proceso de liderazgo en nombre de un pastor también proporcionará un testimonio positivo a todos en la iglesia sobre cómo discipular a otros y levantar líderes. También crea un ambiente para que los hombres que sean más introvertidos o menos identificables para los líderes de la iglesia tengan más confianza en su voluntad de acercarse al pastor sobre su sentido de llamado.

El mayor gozo que puede experimentar un pastor es multiplicar líderes en la iglesia. Es un gran privilegio animar a los hombres, verlos crecer en su fe y habilidades para hacer avanzar el evangelio, fortalecer el discipulado dentro de la iglesia y alcanzar a los perdidos como instrumentos de Dios para cambiar el mundo.

Orar por los obreros

Uno de mis recuerdos favoritos de cuando era niño y visitaba a mis abuelos en su granja en el norte de Indiana es que volaba papalotes con mis hermanos. Mis abuelos tenían un gran campo justo más allá de sus gallineros que ofrecía mucho espacio abierto para hacer esta actividad. Recuerdo nuestra emoción cuando los papalotes estaban en su punto más alto, usando cada centímetro posible de la bola de cuerda. Por supuesto, había momentos en que queríamos volar nuestros papalotes pero no había viento. Corríamos lo más rápido que podíamos, pensando que podríamos atrapar una corriente ascendente... pero sin viento, no podían volar y caían al suelo. ¿Cuántas veces nosotros como cristianos buscamos a Dios tratando de hacer las cosas en nuestras propias fuerzas, sin que estas funcionen y, como el papalote, nos desplomamos? No hay viento que impulse nuestra petición de oración; sea la que sea.

Volar un papalote sin viento es una gran analogía cuando consideramos orar por trabajadores para el campo de la cosecha. Cuando nos reunimos con hombres y mujeres de todas las edades que tienen interés en el trabajo ministerial, uno de los requisitos obvios es el poder de un viento fresco del Espíritu Santo. La forma en que nos conectamos con el Espíritu Santo es arrodillarnos y buscar a Dios en oración.

Como cristianos del siglo XXI, podemos seguir el ejemplo de E. M. Bounds, quien se sintió llamado al ministerio a los veinte años durante el Tercer Gran Despertar[30] y predicó a fines de 1800. Escribió en su libro *Poder a través de la oración*:

Lo que la Iglesia necesita hoy no es más maquinaria o algo mejor, no una nueva organización o más métodos novedosos, sino hombres a quienes el Espíritu Santo pueda usar, hombres de oración; hombres poderosos en la oración. El Espíritu Santo no fluye a través de métodos, sino a través de los hombres. No viene sobre maquinaria, sino sobre hombres. Él no unge planes, sino hombres, hombres de oración.[31]

Claramente, buscamos la unción del Espíritu Santo sobre nuestros esfuerzos, pero también y especialmente sobre aquellos con quienes oramos para compartir el mensaje del evangelio. La oración siempre ha sido primordial, desde los días de los héroes del Antiguo Testamento, y ahora es la clave para que busquemos el poder del Espíritu Santo y que Él levante líderes emergentes para el trabajo de la iglesia.

Un buen primer paso mientras nos preparamos para orar es asegurarnos de que nuestros pensamientos estén en sintonía con el Espíritu Santo. Pablo escribió en Romanos 12:2: «No se amolden al mundo actual, sino sean transformados mediante la renovación de su mente. Así podrán comprobar cómo es la voluntad de Dios: buena, agradable y perfecta». En la era actual, parece que no hay forma de escapar del mundo con la moda de traer un teléfono en nuestro bolsillo, noticias las veinticuatro horas del día y los siete días de la semana, las redes sociales y todos los

---

[30] Protestante Digital, «El Tercer Gran Despertar espiritual», 19 de enero de 2013, https://protestantedigital. com/historia/13270/el-tercer-gran-despertar-espiritual. El Tercer Gran Despertar fue un avivamiento que empezó en Estados Unidos (1857) pero que se siguió extendiendo hacia Irlanda, Inglaterra, Sudáfrica y Australia.

[31] Edward M. Bounds, *Power through Prayer* (Nueva York: Marshall Brothers, 1912), 10. [Este libro se encuentra en español bajo el título *El poder a través de la oración* (Miami: Producciones Peniel, 2014).]

demás medios electrónicos para mantenernos conectados con el mundo. Cuando vemos las redes sociales, nuestras mentes se inundan de información e imágenes que no siempre son tan piadosas.

Tal vez pasamos demasiado tiempo conectados con el mundo cuando, en cambio, deberíamos usar todos los recursos posibles para estar conectados con Dios. La oración proporciona esa conexión. A medida que renovamos nuestras mentes, consideramos lo que es bueno a los ojos de Dios y buscamos vivir de acuerdo con su perfecta voluntad, caemos en cuenta de que no debemos ser parte de este mundo. Verás, el mundo solo quiere llevarnos a lugares donde el hombre pueda ser glorificado en lugar de nuestro Señor Jesucristo. Es por eso que mientras nos preparamos para orar para que los hombres sean levantados como pastores, necesitamos limpiar nuestros pensamientos, alejarnos del mundo y elegir estar cien por ciento en su presencia.

Por favor ora para que Dios obre en los corazones de hombres y mujeres para llamarlos a hacer su obra en el ministerio y que así su reino avance. Oramos especialmente para que los jóvenes atiendan este alto llamado, y oramos para que aquellos que son mayores consideren hacia dónde están dirigiendo sus vidas y cómo Dios puede usar sus experiencias, conocimiento y perspicacia para impactar al mundo con la Palabra. Siguiendo la misma mentalidad del apóstol Pablo, oramos para que los hombres hagan el trabajo del ministerio y que así la iglesia pueda estar unificada, creciendo en la madurez y el conocimiento de nuestro Señor y Salvador Jesús y proclamando su Palabra hasta los confines de la tierra.

Escuchar la voz de Dios

«La cosecha es abundante, pero son pocos los obreros —dijo a sus discípulos—. Por tanto, pidan al Señor de la cosecha que envíe obreros a su campo» (Mt 9:37-38). Jesús compartió estas palabras con sus discípulos mientras caminaba entre la multitud sintiendo una profunda compasión por la gente. Los comparó a ovejas sin pastor e instó a sus discípulos a orar por los obreros del ministerio. Así como Jesús tuvo una profunda compasión por los demás, nosotros también debemos poseer corazones llenos de benevolencia. Debemos orar por los obreros y animar a aquellos que consideran el ministerio como una vocación, para que ellos a su vez oren por discernimiento y dirección.

Al orar a Dios, aumentamos nuestro sentido de conciencia y nos hacemos más observadores de aquellos entre nosotros que exhiben los atributos, las fortalezas y el corazón para el ministerio. A través de nuestras oraciones para que Dios actúe, lo vemos demostrar su obra en los corazones y las mentes de los demás. Aquí es donde comenzamos a presenciar cómo Dios habla. ¡Es importante darse cuenta de que Dios puede estar hablando a través de ti!

Pablo escribió en Romanos 12:6-8: «Tenemos dones diferentes, según la gracia que se nos ha dado. Si el don de alguien es el de profecía, que lo use en proporción con su fe; si es el de prestar un servicio, que lo preste; si es el de enseñar, que enseñe; si es el de animar a otros, que los anime; si es el de socorrer a los necesitados, que dé con generosidad; si es el de dirigir, que dirija con esmero; si es el de mostrar compasión, que lo haga con alegría». Dios habla a través de su Escritura, y habla a través de predicadores y maestros cuya fuente es la Palabra. Esa es la razón de por qué es esencial que los pastores y maestros llamen regularmente a más obreros para el ministerio.

Hacer crecer la iglesia y motivar los corazones de los creyentes discípulos para que consideren el ministerio requiere de un liderazgo responsable. Esta es una parte esencial de la asignación del líder: inspirar y compartir el deseo del Salvador de enviar obreros a la mies. Cuando un líder habla, alguien escucha; cuando alguien escucha las Escrituras, no necesariamente escucha al orador sino la voz de Dios. Es por eso que tanto el maestro como el predicador deben enseñar y predicar para anunciar la Palabra, de manera que la voz de Jesús pueda ser escuchada. Y, cuando alguien escuche, se dé cuenta de que Dios lo necesita; Dios lo necesita como obrero; ¡necesita que vaya!

Cuando uno anuncia la Palabra desde un púlpito, enseña en el aula o participa en una conversación uno a uno, Dios está obrando. Él habla a través de su Espíritu Santo. Jesús explicó este concepto a sus seguidores cuando dijo en Juan 14:26: «Pero el Consolador, el Espíritu Santo, a quien el Padre enviará en mi nombre, les enseñará todas las cosas y les hará recordar todo lo que he dicho». El Espíritu Santo habla a través de la Palabra, haciendo que el corazón de un creyente sea impactado para reconocer todo lo que se requiere para la cosecha, lo que hace que el oyente diga: «¡Sí!»

Vemos que esto sucede exactamente en Hechos 13:2, donde Lucas registró: «Mientras participaban en el culto al Señor y ayunaban, el

Espíritu Santo dijo: "Apártenme ahora a Bernabé y a Saulo para el trabajo al que los he llamado"». La obra del Espíritu Santo se evidenció no solo en las vidas de Pablo y Bernabé, sino también en la de los hombres que adoraban, ayunaban y oraban. El impacto de la obra del Espíritu Santo no solo se realizó sobre los dos hombres que fueron enviados, sino que también incluyó a los que los enviaron, quienes sin duda —aunque no está registrado— deben haber orado intensamente y compartido su sabiduría y conocimiento con Pablo y Bernabé. Estos últimos seguramente habrían escuchado a los hombres, pero lo que es más importante, al Espíritu Santo.

¿Y qué hay de ti? ¿A quién ha puesto Dios en tu camino? ¿Conoces a uno o varios varones que posean cualidades especiales, o que tengan un evidente y claro deseo en su corazón, que sea innegable que Dios los está llamando? Es importante tener en cuenta que Dios no llama a los equipados, sino que equipa a los llamados. Como líder, según lo vemos en Hechos 13:1 con los hombres que oraron por Pablo y Bernabé, sé consciente de escuchar; escucha a los demás, sí, pero más importante todavía, escucha al Espíritu Santo.

Isaías experimentó la presencia del Señor en el templo, como se indica en Isaías 6:8, donde el Señor lo llamó y él lo escuchó: «Entonces oí la voz del Señor que decía: —¿A quién enviaré? ¿Quién irá por nosotros? Y respondí: —Aquí estoy. ¡Envíame a mí!». En 1868, Daniel March escribió estas palabras en un himno que se hace eco de la respuesta de Isaías:

¡Escuchad! la voz de Jesús que clama:
«¿Quién irá a trabajar hoy?
Los campos están blancos y las cosechas esperando,
¿Quién se llevará las gavillas?»
Fuerte y paciente el Maestro llama,
Rica recompensa te ofrece;
¿Quién responderá, diciendo con gusto:
«¡Aquí estoy, envíame, envíame!»

¿Qué te está llamando Dios a hacer? ¿A quién está colocando Dios en tu vida para que ellos también puedan escuchar la voz de Dios y responder con fidelidad?

Brindar asesoramiento y dirección

En su libro *Llamado a los llamados*, Pruitt y Pace instan encarecidamente a los líderes ministeriales a hacer precisamente eso, llamar a los llamados. Comienzan sugiriendo: «Ora, ora y ora un poco más. Necesitas desesperadamente que el Señor hable a través de ti de una manera que traspase los corazones».[32] Hay muchas personas a quienes el Señor está llamando que necesitan una fuerte oración para ser liberados y moldeados sus corazones de manera que se rindan al propósito de Dios para su vida.

Un gran ejemplo de esto es la experiencia de Carl Love en su llamado al ministerio. Él se desempeña ahora como pastor de la Iglesia Comunitaria Transformación, ubicada en Temple, Texas. Cuando era joven, Carl tomó la decisión de seguir a Jesús y asistió a una pequeña iglesia con su esposa. Se involucró activamente, y un domingo se sintió movido a ir al frente durante la invitación al final del servicio, pero decidió no hacerlo. Al describir su experiencia, dice que sintió que tal vez necesitaba arrepentirse nuevamente, cuando en realidad el Espíritu Santo estaba obrando en su corazón. Dice que sintió el deseo de presentarse en dos ocasiones más.

Finalmente, Carl se reunió con su pastor y le compartió su experiencia. Su pastor le aconsejó ir a casa, orar y preguntarle a Dios qué querría que hiciera. Entonces, Carl se postró delante del Señor y oró, y no pasó mucho tiempo después de que comenzó a orar que supo que Dios lo estaba llamando a predicar. Como compartieron Pruitt y Pace, como pastor «necesitas desesperadamente que el Señor hable a través de ti de una manera que traspase los corazones».[33]

En el caso de Carl, sabía que el Espíritu Santo estaba obrando en su corazón y fue a ver a su pastor en privado. Esto trae a colación el punto de que puede ser una buena práctica para los pastores priorizar tener un tiempo especial reservado para reunirse con personas que están luchando con el llamado del Señor en sus vidas. Al pastorear a los jóvenes, una vez que hayan confirmado que se sienten llamados y tienen un deseo sincero de servir, tendrán muchas preguntas. Puede ser bueno reunirse de forma continua para compartir ideas, abordar preguntas y proporcionar respuestas a nivel personal.

---

[32] Pace y Shane Pruitt, *Calling Out the Called*, 170.

[33] *Ibid.*

Esto se hace mejor en un ambiente uno a uno en lugar de una gran reunión. Considera reunir a los hombres que luchan con su llamado de manera continua. Este grupo podría consistir en solo uno o dos hombres o una docena; lo que sea más fácil para ti, siempre y cuando inviertas en ellos y brindes orientación sobre los pasos necesarios para su entrenamiento. En un entorno como este, el hierro afilará el hierro, se cultivará el discernimiento y los hombres a los que estés asesorando serán desafiados a pensar en el llamado a través de meditar y comentar la lectura asignada. Estas asignaciones les brindarán oportunidades para crecer en su conocimiento, pero también será un tiempo para orar unos por otros. Será un lugar seguro para que los pastores den consejos e inicien un proceso de rendición de cuentas para que los participantes profundicen en su caminar espiritual.

Uno de los mejores lugares para que los pastores den buenos consejos es en el púlpito del domingo por la mañana, predicando cada semana para conmover los corazones que el Espíritu Santo está moldeando. Como en la experiencia de Carl, él fue atraído hacia la obra del ministerio, pero tomó más de una experiencia, y su llamado no se basó necesariamente en las emociones, sino en una invitación real. Por eso es esencial invitar continuamente a hombres y mujeres que puedan estar luchando con el llamado al ministerio. Cada vez que escuchan la invitación, a través de la obra del Espíritu Santo, escuchan la voz de Dios llamando.

Además de formar pequeños grupos y exhortar desde el púlpito, también tienes la oportunidad de predicar con el ejemplo. Vive una vida piadosa, sé un modelo de fe y refleja la Palabra que enseñas. El escritor de Hebreos ofrece este consejo tanto para los líderes como para los seguidores: «Acuérdense de sus dirigentes que les comunicaron la palabra de Dios. Consideren cuál fue el resultado de su estilo de vida e imiten su fe» (He 13:7). A manera de práctica para dirigir a otros, nada se destaca más que ser un gran ejemplo como siervo de Dios.

El pastoreo es una gran responsabilidad, e invertir en hombres para el ministerio es un atributo clave de una iglesia próspera. Estos hombres ayudarán a sostener tu ministerio y empoderarán a la iglesia para tener un impacto en el reino dentro de su comunidad ahora y en el futuro.

Empoderar a los líderes emergentes

¿Recuerdas cuando aprendiste a conducir un coche por primera vez? Podrías haber leído manuales y panfletos, podrías haber visto videos, pero nada podría reemplazar la experiencia de estar detrás del volante. Lo mismo ocurre con los futuros pastores y líderes emergentes. Nada es más primordial que la experiencia del mundo real, y por eso se requiere que los líderes de la iglesia de hoy brinden oportunidades.

Cuando comenzaste a conducir, aprendiste mejor a través de la experiencia práctica. De manera similar, a medida que un hombre de Dios crece en la fe a través de la lectura y el aprendizaje, se acelera su crecimiento cuando «sale a la carretera», ¡por así decirlo! Aquí es donde el papel de un pastor como mentor puede brindar oportunidades adicionales para que estos hombres disciernan su llamado al interactuar con otros.

Mark Dever, pastor de la Iglesia Bautista Capitol Hill en Washington, D.C., cree que debe promover la confianza en los hombres para hacerlos crecer para el ministerio. Él escribe: «Probablemente tengas miembros de tu iglesia a quienes el Señor ha confiado un gran talento. Pero para que eso se descubra, alguien debe iniciar dándoles confianza, como en el caso del crédito. Y los buenos líderes hacen esto. No esperan a que las personas se demuestren a sí mismas y luego les dan oportunidades de enseñanza. No, ven el indicio de algo que, con un poco de estímulo, podría crecer y florecer».[34]

Recuerdo cuando uno de mis pastores me pidió hace años que organizara un evento del Día Nacional de Oración para la comunidad local. Él me dijo cómo iniciar; luego organicé y dirigí el esfuerzo durante una década. Años más tarde, otro pastor plantó las semillas que me llevaron a la oportunidad de predicar. De manera similar, a mi amigo Kevin Lowhorn un día se le dio la oportunidad de ayudar a dirigir un ministerio de oración, y ahora sirve como pastor asociado en otra iglesia de otra ciudad.

También pienso en Buddy Toon, quien sirvió en la fuerza policial durante muchos años y sintió el llamado a acompañar a los hombres que luchan con una multitud de problemas debido a la naturaleza de

---

[34] Mark Dever, «9 Ways to Raise Up Leaders in Your Church» [9 maneras de levantar líderes en tu iglesia], The Gospel Coalition, 5 de junio de 2017, consultado el 8 de mayo de 2023, https://www.thegospelcoalition. org/article/9–ways-to-raise-up-leaders-in-your-church/.

su trabajo. Después de que se le animó a hacerlo, ahora se desempeña como capellán ayudando a los oficiales y también a familias e individuos en situaciones de crisis. Como se señaló, nuestros pastores vieron algo dentro de nosotros y nos brindaron aliento. Un pastor debe ser un animador, lo cual es vital para equipar a los hombres para el ministerio.

Entonces, ¿cómo anima el pastor? Tiene que estar dispuesto a invertir en los varones de su congregación. Como cristianos, siempre pensamos en Pablo como el mentor de Timoteo, pero a veces olvidamos que Pablo mismo fue asesorado por Bernabé. En Hechos 11:22-26, Bernabé buscó a Pablo y lo llevó a Antioquía, donde, durante todo un año, fue su mentor. «Bernabé guió a Pablo durante su desarrollo de ser un novicio seguidor de Cristo al mayor propagador de la fe en la iglesia primitiva. Los líderes sénior de hoy pueden seguir el ejemplo de Bernabé y contribuir al desarrollo de la próxima generación de líderes».[35]

Los líderes se desarrollan cuando se les proporcionan herramientas, conocimientos y, lo que es más importante, oportunidades. Es esencial que los pastores caminen junto a los líderes emergentes, brindando aliento y abriendo puertas para que crezcan en su fe y habilidades. Pablo escribió que algunos fueron llamados «a fin de capacitar al pueblo de Dios para la obra de servicio, para edificar el cuerpo de Cristo» (Ef 4:12). Aquí es donde un grupo más pequeño de hombres enfocados es una gran herramienta para proporcionar una dinámica en la que diferentes tipos de personas se unen para crecer en su fe, fortalecer sus habilidades y agudizar sus sentidos, lo cual los lleva a descubrir sus propios dones y revelar los talentos de los demás. Es un lugar de oración, hermandad y aprendizaje. Es un lugar donde un pastor puede tener una conversación de descubrimiento más personalizada similar a las que tuvieron Bernabé y Pablo. Esto no requiere un ambiente de seminario, sino solo un pastor dedicado y comprometido a equipar a los hombres de Dios para compartir el amor de Jesús a través del mensaje del evangelio a un mundo desesperado y moribundo.

Al considerar este tipo de programa de construcción de residencias para empoderar a otros en tu iglesia, habrá muchas oportunidades para

---

[35] Orlando Rivera, «Mentoring Stages in the Relationship between Barnabas and Paul» [Etapas de la mentoría en la relación entre Bernabé y Pablo], *Journal of Biblical Perspectives in Leadership* (2007), https://www.regent.edu/journal/journal-of-biblical-perspectives-in-leadership/mentoring-stages-in-the-relationship-between-barnabas-and-paul/.

que los hombres sirvan. Pueden dirigir grupos pequeños y grupos de discipulado, enseñar clases, predicar los domingos por la noche (o en otra reunión de entre semana), ayudar con los ministerios de jóvenes y adultos, organizar programas de alcance comunitario, participar en el trabajo misionero… ¡y la lista es interminable! Empoderar a los líderes emergentes requiere intencionalidad, requiere un corazón de siervo y, lo que es más importante, requiere un verdadero amor por Jesús y abrazar su deseo de compartir el evangelio con el mundo.

Parte 2
Mentoría de líderes emergentes
Tim LaFleur

Uno de los mayores privilegios es discipular o guiar a líderes emergentes que sienten que han sido llamados al ministerio vocacional; sin embargo, pocos pastores y líderes de la iglesia aprovechan esa maravillosa oportunidad.

Cuando las personas comparten que Dios está tratando con ellos en relación con un llamado al ministerio vocacional, normalmente como pastores o líderes nos decimos a nosotros mismos: «Estas personas se sienten llamadas al ministerio, así que enviémoslas al seminario». Esto es desafortunado porque, según la organización Barna, solo el diecisiete por ciento de los evangélicos han tenido un mentor piadoso en sus vidas.[36] Este pensamiento no es bíblico ni práctico.

Es responsabilidad de los líderes de la iglesia local discipular y guiar a los llamados al ministerio vocacional. Después de haber afirmado el llamado de Dios, pueden ir al seminario para recibir capacitación especializada, pero la educación superior no debe reemplazar la valiosa relación entre un mentor y un aprendiz.

Los líderes emergentes de la iglesia local pueden experimentar muchas cosas prácticas al ser discipulados y asesorados por los líderes de su iglesia local. Esta es una preparación y capacitación invaluables que no se pueden reproducir en un salón de clases.

Un mentor, por definición, es un consejero de confianza, un guía, un tutor o un entrenador. Estoy muy agradecido de que a lo largo de

---

[36] Barna, «New Research on the State of Discipleship» [Nueva investigación sobre el estado del discipulado], Barna Research Group, 1 de diciembre de 2015, https://www.barna.com/research/new-research-on-the-state-of-discipleship/.

los años Dios haya puesto mentores en mi vida y me haya dado el gran privilegio de invertir en decenas de líderes emergentes.[37] Este capítulo explora varias cualidades de un mentor piadoso.

Modela un comportamiento piadoso

El mayor regalo que se les puede dar a los líderes emergentes de la iglesia, especialmente a aquellos que pueden ser llamados al ministerio vocacional, es darles un buen ejemplo al vivir una vida piadosa. Pedro les dijo a sus compañeros ancianos y pastores que fueran ejemplos piadosos: «pastoreen el rebaño de Dios que está a su cargo, no por obligación ni por ambición de dinero, sino con deseo de servir, como Dios quiere. No sean tiranos con los que están a su cuidado, sino sean ejemplos para el rebaño. Así, cuando aparezca el Pastor supremo, ustedes recibirán la corona inmarchitable de la gloria» (1 P 5:2-4). Pablo amonestó a la iglesia de Filipos a seguir su ejemplo: «Pongan en práctica lo que de mí han aprendido, recibido y oído, además de lo que han visto en mí y el Dios de paz estará con ustedes» (Fil 4:9).

Debes comenzar por modelar una vida piadosa ante tus discípulos. Están buscando a alguien que les dé dirección y modele cómo se ve un hombre o una mujer piadosos en la vida cotidiana. Están buscando a alguien que pueda desarrollar la fe aplicando los principios bíblicos a situaciones de la vida real. Esto es especialmente cierto cuando las cosas no van bien. La forma en que reaccionamos en tiempos de crisis y en situaciones difíciles revela nuestro verdadero carácter. ¿Respondes poniéndote ansioso y desmoronándote, o respondes confiando y dependiendo de Dios?

Hace muchos años estaba ayudando a dirigir un viaje universitario yendo a través de Texas a México, cuando nuestra camioneta se descompuso. Debido a que era un fin de semana festivo, teníamos solo una pequeña ventana de tiempo para actuar y asegurar el transporte para parte de nuestro grupo. En lugar de desmoronarse y pensar que el viaje había terminado, nuestros líderes estudiantiles se dirigieron al grupo y les pidieron que oraran. Ahí es donde comenzamos, antes que nada. Oramos por seguridad y guía, pero también oramos para que, pasara lo que pasara, Dios fuera glorificado. Pronto, conseguimos una camioneta

---

[37] *The Merriam-Webster Dictionary*, en línea, s. v. «mentor».

de alquiler y nos pusimos en camino, pero lo que aprendí de ese viaje fue la importancia de arraigarnos en la oración. Nuestros líderes modelaron cómo se veía confiar en Dios en medio de una situación difícil y enseñaron a nuestros estudiantes más en su respuesta piadosa de lo que podríamos haberles enseñado en un año de estudios bíblicos.

Anima y afirma

Sé un animador para aquellos a quienes asesoras. Tenemos más que suficientes detractores y críticos en nuestras vidas, ¡así que sé alguien que aliente y afirme!

Afirma intencionalmente lo bueno en la vida de tus aprendices; reconoce y afirma su carácter, así como sus actitudes y acciones piadosas. Busca formas de construirlos y no de derribarlos. El autor de Hebreos dijo: «Preocupémonos los unos por los otros, a fin de estimularnos al amor y a las buenas obras. No dejemos de congregarnos, como acostumbran hacer algunos, sino animémonos unos a otros, y con mayor razón ahora que vemos que aquel día se acerca» (He 10:24-25). Los siguientes son algunos pasos de acción prácticos que puedes tomar para alentar y afirmar.

Aplaude incluso los pequeños pasos de crecimiento

Comienza a animar aquellos a quienes asesoras aplaudiendo incluso los pasos más pequeños de crecimiento que ves desplegados en sus vidas. Busca el progreso y tómate el tiempo para decir algo que afirme su buen trabajo, ideas o cumplimiento de metas y objetivos específicos. Si el lenguaje cambia a la cultura y las palabras pueden impactar mundos, ¡entonces las palabras de aliento y afirmación pueden ayudar a que alguien pase de bueno a excelente!

Sé solidario y optimista

Hazles saber a tus discípulos o aprendices que estás en su equipo, que los amas y los apoyas, y que deseas que crezcan y tengan éxito. Nunca te canses de decirles que crees en ellos y en su llamado.

Ayúdales a entender que Dios no llama a los equipados; Él equipa a los llamados. Si Dios los ha llamado a ser líderes, les dará todos los recursos necesarios para lograr lo que los ha llamado a hacer. Eso incluye ayudarlos a crecer y desarrollarse a medida que dependen de Él.

Chip llegó a la fe cuando era un adolescente mayor. Participó en nuestro ministerio universitario mientras aún estaba en la escuela secundaria. Aunque la relación de Chip con Cristo era saludable e iba creciendo, él provenía de un hogar roto y luchaba contra la falta de confianza. Mientras caminábamos juntos, comencé a ayudarlo a entender que era «acepto en el Amado» (Ef 1:6 RVR1960) a través de Cristo y que tenía una identidad asombrosa en Él. Con el paso de los años, Chip se convirtió en un fuerte creyente y hacedor de discípulos, invirtiendo y asesorando a muchos líderes emergentes. Ahora tiene un negocio en crecimiento en el sur de Luisiana y es un pastor bivocacional que está liderando a su iglesia para hacer discípulos que hacen más discípulos.

Nunca dejes de orar

Cuando oras por aquellos a quienes discipulas y asesoras, estás confiando en Dios para un par de cosas. Primero, confías en que Dios hará lo que solo Él puede hacer. Como dijo Pablo en 1 Corintios 3:6-7: «Yo sembré, Apolos regó, pero Dios ha dado el crecimiento. Así que no cuenta ni el que siembra ni el que riega, sino solo Dios porque es quien hace crecer». Cuando oras, estás creyendo que solo Dios puede hacer crecer a un discípulo de Cristo.

En segundo lugar, cuando oras, confías en que Dios ayudará a tu discípulo o aprendiz a buscarlo. Si el difunto Jerry Bridges tenía razón al decir: «La santificación es una obra que Dios hace y que requiere nuestro esfuerzo»,[38] entonces es lógico que ores para que tu discípulo o aprendiz tenga un corazón para buscar a Dios. Debes orar continuamente que Dios despierte afectos piadosos y el deseo de conocer a Cristo de una manera profunda e íntima.

Ora y modela la oración a menudo con tus discípulos. Dado que la oración se capta tanto como se enseña, debes orar a menudo con tus discípulos o aprendices. Muéstrales que dependes de Dios y no de ti mismo, y ayúdalos a aprender que la oración es una conversación interminable con Dios. El Señor Jesús y el apóstol Pablo modelaron la oración para sus discípulos. ¡Deberías hacer lo mismo!

---

[38] Jerry Bridges, *Transforming Grace* (Colorado Springs: Tyndale Publishing House, 1991), 25.

Aprovecha los momentos de enseñanza

La mayoría de las veces lo que separa a los grandes mentores de los mediocres es que los grandes mentores toman la iniciativa de atravesar las puertas abiertas de la oportunidad. Ven esos momentos de enseñanza y toman la iniciativa de compartir una palabra pronunciada adecuadamente.

Pasa tiempo con tus discípulos

Nunca ganarás el derecho ni tendrás la oportunidad de compartir una palabra oportuna con tus discípulos o aprendices a menos que pases tiempo con ellos. Observa lo que Pablo dijo en 1 Tesalonicenses 2:8: «así nosotros, por el cariño que les tenemos, nos deleitamos en compartir con ustedes no solo el evangelio de Dios, sino también nuestra vida. ¡Tanto llegamos a quererlos!».

Cuando compartas tu vida con otros, te costará. Tendrás que dejar de lado tu propia agenda y vivir intencionalmente para tu aprendiz. Como Pablo escribió a la iglesia de Filipos: «No hagan nada por egoísmo o vanidad; más bien, con humildad consideren a los demás como superiores a ustedes mismos. Cada uno debe velar no solo por sus propios intereses, sino también por los intereses de los demás» (Fil 2:3-4).

Busca momentos de enseñanza

Cuando pases tiempo de calidad con tus aprendices o discípulos, busca momentos de enseñanza en los que Dios pueda usarte para compartir un principio o una verdad que ellos puedan recibir.

Cuando tus aprendices hagan una pregunta en busca de una respuesta fácil, puedes responder con: «Esa es una gran pregunta. ¿Qué piensas?». Está bien dejar a tus aprendices esperando por un tiempo sin ser rápido para responder, dejándolos luchar con una pregunta o una paradoja. Este fue uno de los principales métodos de enseñanza de Jesús. Con frecuencia respondía una pregunta con otra pregunta. Observa la interacción entre Jesús y sus discípulos en Mateo 16:

> *Cuando llegó a la región de Cesarea de Filipo, Jesús preguntó a sus discípulos:*
> *—¿Quién dice la gente que es el Hijo del hombre?*
> *Le respondieron:*

—Unos dicen que Juan el Bautista, otros que Elías, y otros que Jeremías o uno de los profetas.
—Y ustedes, ¿quién dicen que soy yo? —preguntó Jesús.
—Tú eres el Cristo, el Hijo del Dios viviente —afirmó Simón Pedro.
—Dichoso tú, Simón, hijo de Jonás —dijo Jesús—, porque eso no te lo reveló ningún mortal, sino mi Padre que está en el Cielo. (Mateo 16:13-17)

Jesús hizo una pregunta, y sus discípulos pensaron en ella antes de responder. Pero observa cómo Jesús respondió con otra pregunta más directa en el versículo 15: «Y ustedes, ¿quién dicen que soy yo?». Jesús no les permitió repetir lo que decían las multitudes, sino que les estaba preguntando qué creían ellos.

Ofrece consejo piadoso y rendición de cuentas

Debes esforzarte por ayudar a tus discípulos o aprendices a ver las cosas desde el punto de vista de Dios y no desde una perspectiva humana, de esta manera verán las cosas a través del lente de la Palabra de Dios y no de la sabiduría del mundo.

Cuando ofrezcas un consejo piadoso, basa tu consejo en la Palabra de Dios. Ayúdalos a ver los principios que se aplican a las áreas grises que las Escrituras no han abordado específicamente, incluidas las respuestas a preguntas como estas:

- ¿Con quién debo casarme?
- ¿Está mal fumar o beber?
- ¿Debería mudarme a esta ciudad o aquella?

Además de ayudarlos a abordar las áreas grises, debes darles la oportunidad de rendir cuentas. Es sumamente necesario mantener a aquellos a quienes discipulas según el estándar de Dios para sus vidas, y no según el tuyo. Todos necesitamos a alguien en nuestras vidas que nos muestre amor de una manera correcta. Necesitamos a alguien que haga las preguntas difíciles para rendir cuentas en cuanto al crecimiento, desarrollo y desempeño del ministerio. En una relación mentor-discípulo saludable, creciente y centrada en el evangelio, nunca se debe abusar del proceso de rendir cuentas, pero la verdad permanece: «No podemos cosechar lo que no sembramos».

Primero, este tipo de relación debe estar centrada en el reino. La meta es alcanzar lo que Dios espera para el crecimiento y el ministerio, no la meta del mentor o la del hacedor de discípulos. En segundo lugar, la relación debe ser voluntaria. Se basa en la libertad en Cristo, no en una regla legalista. En esta relación no hay lugar para el control, la manipulación o la coerción. En tercer lugar, esta relación debe ser flexible. Cualquier relación saludable debe crecer con el tiempo. Esta relación no debe ser rígida, sino que debe dejar espacio para el ajuste y el cambio.

Prepárate para hacer preguntas profundas

Un mentor piadoso debe hacer preguntas profundas, preguntas que requieran más que una simple respuesta de sí o no. Haz preguntas que provoquen que la otra persona piense y reflexione. Los mentores hábiles tienden a hacer pregunta tras pregunta para ayudar a aquellos a quienes discipulan o asesoran a llegar a la respuesta por sí mismos.

Además de hacer preguntas profundas, los mentores capacitados escuchan bien. Escuchan lo que se dice y lo que no se dice. «Escuchan entre líneas» para que su comprensión se profundice y la relación de tutoría pueda crecer.

Comparte ideas espirituales

Los mentores y discipuladores piadosos no solo modelan vidas que son consistentes con el evangelio, sino que también comparten principios y conocimientos espirituales. Aprovechan esos momentos de enseñanza de los que hablamos y comparten su fe de manera sistemática. Estos deben incluir cosas como las que se mencionan enseguida.

Sobre tu relación con Dios

Los mentores piadosos deben modelar una relación rica y creciente con el Padre, así como compartir ideas espirituales significativas que ayudarán a sus discípulos a crecer en su caminar con Dios. Comparte con ellos sobre la utilidad de cosas como las disciplinas espirituales, los preceptos de las Escrituras y principios para el crecimiento espiritual. No tengas miedo de compartir cosas que han marcado tu vida espiritualmente y de situaciones de la vida real donde Dios trabajó para hacerte crecer y ayudarte a ser más dependiente de Él.

Sobre el liderazgo de servicio

Otra cosa que debes compartir con tu aprendiz es la idea del liderazgo de servicio. Un llamado al ministerio es un llamado a liderar de la manera en la que Jesús lo hizo; es decir, como siervo: «Porque ni aun el Hijo del hombre vino para que le sirvan, sino para servir y para dar su vida en rescate por muchos» (Mr 10:45).

Sobre el descubrimiento de dones espirituales

Ayuda a tus aprendices a descubrir y usar sus dones espirituales, especialmente aquellos dones motivacionales que alimentarán sus ministerios. Puedes ayudarlos a descubrir sus dones espirituales utilizando un inventario de dones espirituales y observándolos mientras sirven y ministran. Cuando reconozcas un don en particular, anima a tu discípulo y habla con él al respecto. Asegúrate de hacer preguntas profundas y escuchar sus respuestas. Ayúdalo a celebrar mientras se da cuenta de lo que Dios está haciendo en su vida.

Sobre el desarrollo práctico de habilidades ministeriales

Da a tus discípulos oportunidades de hacer algunas cosas que puedan usar a medida que maduren y se desarrollen, cosas como preparar y compartir un sermón o devocional, hacer una visita al hospital o dirigir una de las ordenanzas, oficiando la Cena del Señor o un bautismo. Al hacer esto, sigue el modelo que vemos en las Escrituras que Jesús usó:

- Jesús lo hizo, y los discípulos observaron.
- Jesús lo hizo, y los discípulos ayudaron.
- Los discípulos lo hicieron, y Jesús asistió.
- Los discípulos lo hicieron, y Jesús observó.

Es importante ser el modelo que deseas que sigan tus aprendices. No solo deben escuchar qué hacer, sino ver qué hacer observándote. La imitación puede ser una forma elevada de adulación, pero también es una parte crucial para aprender a vivir una vida piadosa.

Parte 3

Haz que tu inversión valga la pena
Tim LaFleur

Hemos dicho varias cosas sobre por qué y cómo guiar a los líderes emergentes en tus comunidades y congregaciones. Pero, ¿en qué tipo de hombres deberíamos considerar invertir?

Como pastores, obviamente esperamos el bien para todos los que servimos, pero estas relaciones más pequeñas e intencionales deben reservarse solo para un grupo selecto de personas. Esto no significa una nacionalidad o clase de personas, sino más bien hombres llenos de fe. Descubramos cómo son estos hombres de fe.

En la búsqueda de hombres fieles

Uno de mis capítulos favoritos del Nuevo Testamento es el segundo capítulo de 2 Timoteo. En este capítulo el apóstol Pablo usa siete metáforas para describir cómo se ve un pastor fiel u obrero del evangelio:

- Es un mayordomo que confía el evangelio a hombres fieles
- Es un soldado que soporta dificultades y desea complacer a su comandante.
- Es un atleta que entrena y compite de acuerdo con las reglas.
- Es un agricultor que trabaja duro plantando, regando, cultivando y cosechando.
- Es un obrero aprobado cuyo trabajo se fundamenta en la Palabra de Dios, interpretando correctamente la verdad.
- Es un vaso apto para el uso del Amo.
- Es un siervo que desea complacer a su Señor.

Si bien todas estas imágenes son como debería verse un pastor fiel, quiero llamar tu atención hacia el mayordomo que confía el evangelio a hombres fieles.

Según el apóstol Pablo, un pastor fiel es como un mayordomo. Un mayordomo es alguien que administra los recursos o los asuntos de otro. El mayordomo de Cristo no administrará las riquezas materiales, sino los tesoros espirituales. Confiará el precioso tesoro del evangelio a hombres fieles, como Pablo instruyó a Timoteo en 2 Timoteo 2:1-2: «Así que tú, hijo mío, fortalécete por la gracia que tenemos en Cristo Jesús. Lo que me has oído decir en presencia de muchos testigos, encomiéndalo a creyentes dignos de confianza, que a su vez estén capacitados para enseñar a otros».

En este pasaje, el apóstol Pablo está amonestando a su hijo en la fe, Timoteo, a fortalecerse por la gracia que es en Cristo Jesús. En otras palabras, Timoteo tendrá que confiar en la gracia de Dios mientras cumple su ministerio.

Además, Pablo le dice a Timoteo que confíe el evangelio «a creyentes dignos de confianza, que a su vez estén capacitados para enseñar a otros». Esta era la práctica de Pablo en la iglesia primitiva para levantar pastores y obreros evangélicos: discipular y guiar *a otros*. Pablo le está diciendo a Timoteo que una de las cosas que un pastor fiel debe hacer es identificar e invertir en líderes emergentes que se conviertan en pastores u obreros del evangelio en las iglesias.

Pablo le dijo a Timoteo que buscara hombres fieles en quiénes invertir, u hombres de fe. Este es un buen punto para recordar el tipo de personas que debes buscar para desarrollar esa relación mentor-discípulo de la que hemos venido hablando en este libro: deben ser hombres fieles, que estén disponibles, intencionales en su crecimiento espiritual, enseñables y deseosos de conocer más a Dios.

En su libro *Líderes que permanecen*, Dave Kraft explica que una de las cosas más importantes que debe hacer un pastor o líder en la iglesia es identificar, equipar y empoderar a los líderes emergentes. Y al mismo tiempo, se sorprende de que tan pocos pastores y líderes de la iglesia lo estén haciendo.[39] Si necesitamos hacer que nuestra inversión valga la pena, debemos pedirle a Dios que nos ayude a identificar a los hombres

---

[39] Dave Kraft, *Leaders Who Last* [Líderes que permanecen] (Wheaton, IL: Good News, 2010).

adecuados con los que podamos «caminar» para ayudarlos a crecer y desarrollarse como líderes.

A principios de la década de 1980, mientras estaba en el seminario, tuve el gran privilegio de servir en una iglesia en Kennedale, Texas, cerca de Fort Worth. Serví como pastor asociado de jóvenes y discipulado. Fue un gran lugar para aprender y crecer no solo haciendo el ministerio, sino poniendo en práctica lo que estaba aprendiendo en el seminario. Uno de los aspectos más destacados de mi tiempo de ministerio allí fue la oportunidad de aprender y ser asesorado por el pastor principal, Ernesto Wall. El hermano Ernesto fue llamado al ministerio vocacional cuando ya era un poco mayor, así que por muchos años fue propietario de una pequeña empresa. Aprendí del hermano Wall cómo ver el potencial de las personas, a verlas no por lo que eran, sino por lo que podrían llegar a ser a medida que crecieran espiritualmente.

A medida que invertimos en líderes emergentes, debemos adoptar esa misma mentalidad, viendo el potencial en los hombres a medida que crecen en su fe y se rinden al señorío de Cristo. Debido a que tenemos una cantidad limitada de tiempo para invertir en líderes emergentes, debemos seleccionar a los hombres adecuados con los que vamos a caminar. Antes de seleccionar a estos hombres, debemos dedicar tiempo para orar y discernir la voluntad de Dios. En Lucas 6, las Escrituras nos dicen que el Señor Jesús pasó toda la noche en oración antes de seleccionar a sus apóstoles. Si el Hijo de Dios pasó toda la noche en oración antes de seleccionar a doce hombres en los que invertiría, así también debemos orar por aquellos a quienes estaremos discipulando.

Veamos cómo es esto de encontrar hombres que sean fieles, que estén disponibles, intencionales en su crecimiento espiritual, enseñables y deseosos de conocer más a Dios.

Fieles

Si queremos que nuestra inversión valga la pena, debemos guiar y discipular a líderes emergentes que han demostrado fidelidad. Por definición, alguien que es fiel está comprometido con alguien o algo. Además, es la idea de ser leal y cumplir con lo que te has comprometido a hacer. Los hombres fieles no solo hablan acerca de la fidelidad, sino que la demuestran por su forma de vida.

Hace varios años, tuve el privilegio de servir en una pequeña iglesia en el sur de Luisiana. Mientras servía allí, tuve el privilegio de guiar a un joven llamado Mardy a la fe en Cristo. Mardy trabajaba en el campo petrolero y se estaba recuperando de una lesión que había requerido cirugía. Durante su tiempo de recuperación, tuve la oportunidad de discipularlo.

Cuando comenzamos a reunirnos para el discipulado, le expliqué a Mardy que durante el tiempo de nuestra reunión memorizaríamos veintiséis versículos de las Escrituras. La semana siguiente, lo llamé para asegurarme de que pudiéramos reunirnos a la hora señalada. Pero antes de colgar, Mardy me dijo que ya se había memorizado los veintiséis versículos. Pensé para mis adentros: «No memorizaste todos esos versículos en una semana». Entonces comencé a hacerle algunas preguntas y, efectivamente, no solo había memorizado los versículos, sino que los podía decir en voz alta perfectamente bien. En las semanas siguientes, Mardy demostró fidelidad a Dios, a las Escrituras, a su familia y al servicio en la iglesia. Mientras Mardy y yo caminábamos juntos, se hizo obvio que Dios tenía un llamado en su vida.

Durante esa temporada en mi ministerio tuve la oportunidad de viajar y predicar por todo el sur de Luisiana, y Mardy me acompañaba y compartía su testimonio sobre la diferencia que Jesús hizo en su vida. En poco tiempo, Mardy comenzó a trabajar con los estudiantes de su iglesia y luego fue llamado a pastorear una iglesia en el sur de Luisiana. Veinticinco años después, el pastor Mardy Guidry es el pastor de la Iglesia Bautista *Fellowship* (Compañerismo) en Denham Springs, Luisiana.

Disponibles

Al buscar el tipo correcto de hombres en los que debemos invertir, ya hemos visto que deben haber demostrado fidelidad. Además, deben estar disponibles. En otras palabras, deben tener tiempo poder recibir mentoría. No pueden estar tan comprometidos con otros esfuerzos que no tengan el espacio necesario en sus calendarios para dedicarse a otra cosa. Dios puede estar invitándolos a involucrarse con Él y su obra, pero no están disponibles porque ya se han comprometido con otras cosas.

Al encontrarte con estos hombres, debes discernir si realmente tienen el deseo de seguir el llamado y trabajar en los próximos pasos o si realmente no están interesados en seguir a Dios o sus planes para ellos.

Cuando yo he discernido que un hombre realmente tiene el deseo de buscar a Dios y el llamado que Él tiene para su vida, me ha resultado útil tomar un café o almorzar y tener una conversación honesta con él. Trato de animarlo a que continúe siguiendo a Dios y la guía del Espíritu Santo en su vida, pero tal vez este no sea el tiempo adecuado para iniciar una mentoría porque él ya tiene «mucho en su plato». Más adelante —en dos o tres meses— planearé volver a hablar con él del tema.

Intencionales

Cuando era estudiante de primer año en LSU, fui miembro de un ministerio universitario llamado Los Navegantes. Durante el otoño de ese año me comprometí a estar en un grupo de discipulado que se reuniría todos los lunes por la tarde. Estudiábamos la Biblia, memorizábamos las Escrituras, nos responsabilizábamos unos por otros y orábamos unos por otros. Como nuevo creyente en Cristo, ¡caminar con estos muchachos fue vivificante!

Al principio, el líder de nuestro Grupo D, Johnny (un estudiante de último año), nos desafió con una cita de Dawson Trotman, el fundador de Los Navegantes: «Solo tres cosas son eternas: Dios, su Palabra y las almas de los hombres. Invierte en estas cosas». Si deseas que tu inversión valga la pena, encuentra hombres que sean intencionales acerca de las cosas de Dios, hombres que quieran seguir el llamado de Dios en sus vidas y que tengan la intención de ser obedientes a Dios mientras Él les revela los próximos pasos a dar.

Está escrito en Proverbios: «La senda de los justos se asemeja a los primeros albores de la aurora: su esplendor va en aumento hasta que el día alcanza su plenitud» (Pr 4:18). ¡Qué maravillosa promesa! Este versículo promete que cuando caminamos en la luz que tenemos, Dios nos dará más luz. En otras palabras, cuando obedecemos a Dios en las cosas que nos ha revelado claramente, Él será fiel para revelarnos más de su voluntad.

¡Señor, llévanos a invertir en aquellos hombres que estén disponibles para entregarse a caminar con nosotros e intencionalmente perseguir el llamado que tienes para sus vidas!

Enseñables

Hace varios años, durante un panel de preguntas y respuestas, alguien me preguntó: «¿Qué tipo de hombres nunca discipularías?» Respondí: «Puedo caminar con casi cualquier persona, pero supongo que el factor decisivo para mí sería si alguien no es enseñable».

Ser enseñable, por definición, es la capacidad de aprender o de ser enseñado. Cuando hablo de alguien que sea enseñable no estoy hablando de alguien que tiene la *capacidad* de ser enseñado tanto como de alguien que tiene el *deseo* de ser enseñado. Quiero invertir en hombres que tengan el deseo de aprender. Debes ser mentor de hombres que no solo tengan un deseo general de aprender, sino un deseo específico de aprender de ti y de otros en tu grupo.

Cuando pastoreé mi primera iglesia, tuve la bendición de caminar con varios jóvenes que sentían que Dios tenía un llamado para sus vidas. Todos los jueves por la tarde nos reuníamos juntos para el discipulado y el ministerio práctico. Era una especie de discipulado de vida a vida, y para las habilidades prácticas del ministerio usamos el modelo de discipulado de Jesús como se describió en el capítulo anterior.

Durante nuestro tiempo juntos, estos jóvenes (que eran adolescentes) memorizaron las Escrituras, aprendieron a hacer estudios bíblicos inductivos, discutieron teología y leyeron libros juntos. Aprendieron a compartir su fe utilizando un Nuevo Testamento y un folleto con el evangelio, y cómo compartir su testimonio. Además, aprendieron y desarrollaron habilidades útiles para el ministerio, como visitas al hogar y al hospital, organizar y dirigir un grupo pequeño y servir como consejeros en el momento de la toma de decisiones en las reuniones de jóvenes.

Hoy en día, cuatro de esos jóvenes (ya no tan jóvenes) sirven en el ministerio evangélico de tiempo completo. Uno es profesor de seminario y tres son pastores. Uno de los pastores obtuvo un doctorado en predicación expositiva. Una cosa que todos tienen en común ¡es el deseo de aprender! Me encanta la Escritura: «Instruye al sabio, y se hará más sabio; enseña al justo, y aumentará su saber» (Pr 9:9). Si deseas que tu inversión valga la pena, busca hombres que tengan el deseo de aprender y ser enseñados.

Hambrientos de Dios

Jesús dijo en las bienaventuranzas: «Dichosos los que tienen hambre y sed de justicia, porque serán saciados» (Mt 5:6). ¡Qué promesa! Aquellos que tienen hambre y sed de justicia serán saciados y estarán satisfechos. Puedes estar seguro de que cuando asesores y discipules a hombres que tengan hambre y sed de las cosas de Dios, estarán totalmente involucrados.

Esta «hambre del corazón» también se describe en los Salmos: «Te he visto en el santuario y he contemplado tu poder y tu gloria» (Sal 63:1-2). En este texto, el salmista tiene un hambre que solo Dios puede satisfacer. Comparó su deseo de Dios y su presencia con alguien que se está muriendo de sed en un desierto. ¡Anhela a Dios y la presencia de Dios!

Hace varios años, mientras pastoreaba una pequeña iglesia en el sur de Luisiana, tuve el privilegio de ser mentor de un joven llamado Isaí. Siendo solo un adolescente, Isaí tenía un hambre real de Dios y de las cosas de Dios. Le encantaba estar en la presencia de Dios, adorar y estudiar su Palabra. Veía a Dios como su tesoro y deseaba una relación profunda e íntima con Él.

Recuerdo que un día pasé por su casa para hablar con él, pero no estaba en casa. Su madre me dijo que había tomado su Biblia y su reproductor de casetes y se había ido a un lugar en el campo detrás de su casa para estar a solas con Dios. Caminé hacia el lugar donde su madre dijo que estaría y lo encontré bajo la sombra de un árbol sobre una manta escuchando alabanzas y leyendo su Biblia. El punto es este: Isaí tenía hambre de Dios en el corazón. Jesús era su tesoro, y debido a que tenía hambre y sed de Dios, pasaba tiempo con Él. Le encantaba estar en su presencia.

Los hombres a los que asesoras y discipulas no deben tener todas las cualidades de las que hablamos, pero deberían tener algunas de ellas. ¡Busca hombres de fe!

Parte 4
Llamado intencional a las generaciones más jóvenes
ROB MILLMAN

E l verano es una temporada increíble, un momento vibrante de celebración a medida que las iglesias de todo el país tratan de alcanzar a las generaciones más jóvenes. Tenemos dos generaciones principales de enfoque: la Generación Z, compuesta por jóvenes nacidos entre 1997 y 2012, que actualmente van desde los trece hasta los veintiséis años de edad; y la Generación Alfa, los nacidos después del 2013 y que actualmente comprenden niños desde jardín de infantes hasta el sexto año de primaria.

Según algunos expertos, los años en los que una persona puede ser más impresionable son entre los doce y los veinticuatro años de edad. Es extremadamente importante durante estos años impresionables compartir a Cristo con los jóvenes. Un estudio realizado por la organización Barna informa que los niños de 5 a 13 años tienen un treinta y dos por ciento de probabilidades de aceptar a Cristo, los jóvenes de 14 a 18 años solo tienen un catorce por ciento de probabilidades de hacerlo, y los adultos incrédulos mayores de 19 años solo un seis por ciento de probabilidades de convertirse en cristianos.[40]

El primer llamado es siempre el llamado a la salvación, y es imperativo que todos los cristianos comprendan la urgencia de la necesidad de

---

[40] Howard Culbertson, «At What Age Do Americans Become Christian?» [¿A qué edad se hacen cristianos los estadounidenses?], Southern Nazarene University, consultado el 21 de marzo de 2025, https://home.snu.edu/~hculbert/ages.htm.

llegar a las generaciones más jóvenes. El segundo llamado es el llamado al crecimiento espiritual y al discipulado, que es importante especialmente para la Generación Z que ha aceptado a Cristo. Es esencial que los de este grupo se comprometan a conectarse con sus compañeros, ya que su influencia puede proporcionar una fuerte persuasión para que otros consideren enfocarse en su crecimiento espiritual. La práctica de las disciplinas espirituales en este grupo es importante, incluida la reunión para estudiar la Palabra, memorizar y compartir las Escrituras, adorar a través de la alabanza y también participar en el alcance comunitario para servir a los demás.

El tercer llamado es el llamado al ministerio vocacional. El Dr. Howard Culbertson, profesor de la Universidad Nazarena del Sur, compartió: «Muchas personas que han dedicado su vida a servir como misioneros transculturales han testificado que la primera vez que sintieron que Dios los estaba llamando al ministerio fue durante ese período de edad de entre los 4 y los 14 años».[41]

Mirando hacia atrás en la historia de los llamados a una edad temprana, hay muchos nombres que vienen a la mente. En los 1700 está Jorge Whitefield, quien sin duda sintió el llamado a predicar cuando era joven y fue ordenado mientras cursaba su licenciatura. En los 1800, el príncipe de los predicadores, Carlos Spurgeon, fue llamado a predicar cuando era adolescente. Spurgeon a los quince años llegó a la fe en un mes de enero, se bautizó en abril y un año después de aceptar a Cristo comenzó a predicar. En los 1900, Billy Graham aceptó a Cristo a los dieciséis años; después de graduarse de la escuela secundaria, asistió a una escuela cuyas reglas y cursos sentía que eran demasiado legalistas y casi fue expulsado. Se transfirió al Instituto Bíblico de Florida y en 1937 comenzó a predicar.

Adrián Rogers sirvió en la Iglesia Bautista Bellevue en Memphis, Tennessee, durante treinta y tres años. Se sintió llamado a predicar a una edad temprana y entró en el ministerio a los diecinueve años. H. B. Charles se bautizó a la edad de seis años y predicó su primer mensaje a la tierna edad de once años bajo la atenta mirada de su padre y otros líderes pastorales de la congregación de la Iglesia Bautista Misionera Monte Sinaí en Los Ángeles, California. Su padre falleció, y H. B., a la edad de

---

[41] Culbertson, «At what age do Americans become Christians?» [¿A qué edad se hacen cristianos los estadounidenses?].

diecisiete años, siguió los pasos de su padre como pastor de la iglesia. Estas historias pueden parecer dramáticas; sin embargo, estos hombres sintieron que Dios los llamaba a una edad temprana. No es inconcebible que los jóvenes de hoy, en el siglo XXI, sientan también el llamado de Dios en sus vidas.

Queremos implorar a los líderes ministeriales, y especialmente a los pastores, que tomen nota de los jóvenes que están entre ustedes y que buscan a Dios. Jesús seleccionó a los jóvenes para que lo siguieran como sus discípulos. Se puede observar en el contexto de la tradición judía del primer siglo que un niño comenzaba su formación religiosa a los cinco años y continuaba hasta que cumplía los doce o trece años. Un joven que consideraba el entrenamiento de rabino comenzaría a los trece o quince años de edad, y a los treinta podría tener sus propios discípulos. Jesús usó hombres comunes: Andrés muy posiblemente era un poco mayor que Jesús, y Pedro estaba casado; por otro lado, Juan era muy joven, probablemente un adolescente. Basados en las estadísticas y los pocos ejemplos de las historias recién compartidas, es esencial llegar intencionalmente a los jóvenes.

En resumen, hay muchos jóvenes que necesitan escuchar el mensaje del evangelio, y tal vez la voz que marca la diferencia en una decisión de vida o muerte con impacto eterno es la del joven de su iglesia. Los hechos confirman que el ministerio proactivo en las generaciones más jóvenes es imperativo y requiere un enfoque activo y práctico por parte de los pastores para reconocer el impacto de Cristo en las vidas de los jóvenes y cómo sus impresiones afectarán a las generaciones futuras.

Sección 4
Caja de herramientas del ministerio

Introducción

La definición de herramienta es: «un dispositivo o implemento, especialmente sostenido en una mano, utilizado para llevar a cabo una función específica».[42]

La mayoría de las cajas de herramientas que llevas contigo tienen dos secciones. Después de abrir la tapa, hay una bandeja con un asa con herramientas fáciles de agarrar que usarías regularmente, como alicates o un destornillador. Las herramientas más grandes, como llaves y martillos, se encuentran en el compartimento más grande. De manera similar, en esta «caja de herramientas» hemos incluido algunas cosas que creemos que serán de valor real para aquellos que aspiran a participar en el ministerio vocacional y también para que los pastores y líderes ministeriales «llamen a los llamados».

Encontrarás en la primera parte de esta caja de herramientas testimonios de llamado al ministerio, que creemos que son invaluables para ayudar a los hombres que están considerando el llamado al ministerio a presenciar de primera mano cómo Dios llama.

En la segunda parte de esta caja de herramientas encontrarás dos sermones de llamado al ministerio. Nuestra esperanza es que estos mensajes brinden inspiración para que los pastores intencionalmente «llamen a los llamados» de manera más continua. Queremos que estos mensajes de muestra sean un catalizador para animar a los pastores a aumentar la frecuencia con la que animan a sus rebaños a evaluar cómo Dios quiere usar a hombres y mujeres para su propósito.

En la tercera parte descubrirás los métodos probados que Tim LaFleur utilizó durante años para guiar a líderes emergentes en una dinámica de grupo. Tim ha proporcionado un esquema para guiar a los hombres en

---

[42] *The Merriam-Webster Dictionary*, en línea, s. v. «tool» [herramienta].

un entorno de grupos pequeños. El trabajo de Tim como ministro bautista en el campus de la Universidad Estatal de Nicholls, combinado con la experiencia de la iglesia local en entornos normativos y de megaiglesias, ha producido una gran cosecha de líderes ministeriales. Tiene más de cien hombres y mujeres como parte de su árbol genealógico ministerial. Tanto el pastor local como el líder de la asociación encontrarán que esta información es de gran valor para guiar a los hombres en un entorno grupal.

Finalmente también hemos incluido una lista de recursos de lectura adicionales relacionados con el llamado al ministerio.

Parte 1
Testimonios del llamado al ministerio

Una de las mejores maneras de determinar cómo Dios llama es estudiar las vidas de otros que han sido llamados. Queremos animarte a que, si estás aspirando a participar en el ministerio vocacional, le preguntes a tu pastor sobre su llamado al ministerio. Creemos que la lectura y el escuchar los testimonios de los llamados al ministerio proporcionan una visión especial para descubrir cómo el Señor guía a los hombres por el camino del servicio. También te sugerimos que visites FollowtheCall.org y escuches los testimonios de los pastores allí.

Al preparar este libro como un recurso para ti, les pedimos a los hombres que sirven en el Consejo Asesor de Ministerios Sigue el Llamado (Follow the Call) que compartieran sus testimonios de llamado al ministerio. En las siguientes páginas encontrarás sus testimonios escritos en primera persona, los cuales esperamos te sean de ánimo.

El llamado de Bob Burton al ministerio

«Huí de Dios como Jonás». Me parecía que todos los pastores tenían este tipo de historia al hablar de su llamado. Pensaba que esto era normal al escuchar a los predicadores repetir estas palabras de lucha. Bueno, este no fue mi caso, sino que fue todo lo contrario. Permíteme resaltar tres influencias espirituales que Dios usó en mi vida (ninguna de ellas fue una ballena).

La devoción a Jesús

El llamado vino a través de una devoción cada vez más profunda para con mi Salvador. A los diecisiete años, el Padre me abrió los ojos a la verdad de que no hay amor más grande que el de aquel que da su vida por sus amigos (Jn 15:13). Me convertí en cristiano con un deseo recién nacido de amar a Dios con todo mi corazón, mi alma, mi mente y mis fuerzas. Esto significaba que mi «sí» estaba sobre la mesa para cualquier cosa que Él tuviera en mente, porque Él me amó primero a mí.

La obra de la Palabra de Dios

Tenía un apetito cada vez mayor por la Biblia. Estaba interesado en estudiar una carrera relacionada con la aviación, sin embargo, Dios tenía otra cosa en mente. Le dije un día: «Todos dicen que lucharon contra tu llamado, pero esto es algo que realmente desearía hacer por Ti». Luego leí en 1 Timoteo 3:1: «Se dice, y es verdad, que si alguno desea ser obispo, a noble función aspira». Hubo muchos más de estos casos, pero Dios siempre tuvo una respuesta en su Palabra.

El apoyo de la familia de la iglesia

Este llamado no sucedió de la nada, sino porque yo era parte de una amorosa familia, que es la iglesia. El pastor, así como otros, afirmaron mis dones y mi llamado. Me discipularon, me dieron oportunidades para servir y me mostraron gracia. Hay una bendición inconmensurable en saber que Dios te ha llamado y correr hacia ese llamado. ¡Gracias a Dios!

Acerca de Bob Burton

Se desempeña como estratega de misión de la Asociación Bautista del Sur de Salem en Illinois. Anteriormente se desempeñó como equipador regional del medio oeste para la organización SEND Network. Bob es pastor retirado, se graduó con una Maestría en Divinidades del Midwestern Baptist Seminary (Seminario Bautista del Medio Oeste) y recibió su Doctorado en Educación y Liderazgo Cristiano del Southern Baptist Theological Seminary (Seminario Teológico Bautista del Sur).

El llamado de Clint Calvert al ministerio

«*Bellos lugares me han tocado; ¡preciosa herencia me ha correspondido!*» (Sal 16:6).

Mi primer «lugar bello» o agradable fue una familia que trabajaba duro y seguía a Cristo. Nací en Texas y me crié en un hogar cristiano. Mi padre era el dueño y encargado de diferentes pequeños negocios. Empecé a trabajar con él desde muy joven. Mi madre era activa en la iglesia y me llevaba con ella. Acepté a Cristo como mi Señor y Salvador cuando era niño y crecí en una Iglesia Bautista Misionera Independiente. La doble influencia de la ética de trabajo de mi padre Jorge y la reverencia a Dios de mi madre Mary me moldearon para ser una persona que tendría un pie en los negocios y un pie en el ministerio.

Mi segundo lugar agradable fue Terrell Christian Academy (Academia Cristiana Terrell). En mis primeros años de adolescencia, mi madre nos llevó a mí y a mis hermanos a una iglesia bautista del sur en nuestra ciudad natal. El grupo de jóvenes de la iglesia participaba en viajes misioneros a corto plazo en Minnesota. En uno de estos viajes en 1984, sentí que Dios me estaba llamando a contarles a otros sobre Jesús y a usar mi influencia de manera positiva. Los líderes de la iglesia me ayudaron a discernir este llamado como un llamado al ministerio vocacional. Nuestra iglesia también patrocinaba una escuela cristiana (Terrell Christian Academy), donde los estudiantes como yo estábamos rodeados de maestros y compañeros que seguían a Jesús. Fui uno de los cinco estudiantes de la escuela que escuchó el llamado de Dios al ministerio, y mi pastor, Mike Smith, fue el mentor de los cinco, dando a los adolescentes la oportunidad de predicar, dirigir la adoración, visitar hogares de ancianos y servir en roles voluntarios.

Mi tercer lugar agradable fue a los pies de mentores que me amaron, me desafiaron y me dieron oportunidades de ministerio. La tutoría de mi pastor Mike Smith permaneció desde mi adolescencia y hasta bien entrada mi mediana edad. También he sido asesorado por Chip Ingram, Jim Leach, James Shields, Donnie Auvenshine, Charlie McLaughlin, John Burke, Jack Bell, Charles Harvey, Scott Speight y Leo Endel. He sido muy bendecido por estos mentores, y ahora es mi turno de brindar tutoría a otros.

Mi cuarto lugar agradable es Rochester, Minnesota, con mi rol en la Convención Bautista de Minnesota-Wisconsin como catalizador de liderazgo de la iglesia. Nunca me imaginé, como adolescente tejano llamado al ministerio en Minnesota, que me mudaría a Minnesota en 1998 y que serviría ahí durante la mayor parte de mi ministerio. A partir del 2006, Dios me abrió oportunidades en el Midwestern Baptist Theological Seminary (Seminario Teológico Bautista del Medio Oeste) y más tarde en el Southestern Baptist Theological Seminary (Seminario Teológico Bautista del Sureste) para brindar capacitación ministerial a los líderes de la iglesia de Minnesota y Wisconsin en los niveles de pregrado, posgrado y doctorado.

También he recibido la capacitación necesaria para ofrecer Educación Pastoral Clínica (en Clinical Pastoral Education International), la cual ha aumentado la autoconciencia, las habilidades ministeriales y las oportunidades económicas de los líderes de las iglesias en los dos estados a los que sirvo. La mayoría de mis estudiantes son adultos en la mitad de su vida que están respondiendo al llamado de Dios para el ministerio vocacional después de tener una carrera secular.

No todos tienen las bendiciones que me han tocado. Como escribió el salmista en el Salmo 16:6: «Bellos lugares me han tocado; ¡preciosa herencia me ha correspondido!». Vivo mi llamado sabiendo que Dios fue el que proveyó la influencia necesaria para moldearme. Estos dones deben compartirse para proporcionar desarrollo de liderazgo en otros. Sirvo a Dios sabiendo que Él ha provisto generosamente para equiparme y luego animar a otros a estar listos para el ministerio. Dios me ha dado una familia cristiana, una educación basada en la iglesia, muchos mentores y oportunidades para servir. Esta es mi preciosa herencia.

Acerca de Clint Calvert

Se desempeña como catalizador de liderazgo para la Convención Bautista de Minnesota-Wisconsin y como profesor adjunto del Southestern Baptist Theological Seminary (Seminario Teológico Bautista del Sureste). Recibió su maestría en Southwestern Baptist Theological Seminary (Seminario Teológico Bautista del Sudoeste) y su doctorado en el Gateway Seminary (Seminario la Entrada).

El testimonio de David Wheeler al llamado Ministerial

Crecí en un pequeño vecindario en las afueras de Nashville, Tennessee. Mis padres eran cristianos comprometidos. Puedo recordar que nuestra casa era el único lugar en nuestro vecindario donde todos eran siempre bienvenidos.

Mis primeros recuerdos de mi madre fueron ir con ella a entregar comidas a vecinos heridos y enfermos. Lo mismo ocurrió con mi padre. Recuerdo que una Nochebuena, cuando tenía siete años, entregamos juguetes a una familia de nuestro vecindario. De alguna manera, mi papá se enteró de que el padre había abandonado a la familia a principios de diciembre, dejando que la madre eligiera entre alimentar a sus tres hijos o darles regalos de Navidad. A pesar de que mi mamá se estaba recuperando de una afección renal casi fatal, dejando enormes cobros médicos, mi papá estaba decidido a ayudar. Nos explicó: «No hay forma de que pueda dormir sabiendo que esos tres niños no tendrán una Navidad».

Muchos de mis amigos que no eran salvos se quedaron en nuestra casa en numerosas ocasiones. Esto era especialmente útil para abrir puertas a conversaciones espirituales. Con el tiempo, algunos de esos amigos fueron salvos. Esos momentos tuvieron un gran impacto en mi vida temprana.

Cuando tenía diez años recuerdo haber tenido una conversación con mi madre y mi abuela. Puedo recordar este momento como si fuera ayer. Me preguntaron qué iba a hacer cuando creciera. Sin pensarlo mucho, por primera vez en mi vida dije: «Voy a ser predicador». Como te puedes imaginar, decir eso hizo que tanto mi mamá como mi abuela se pusieran excepcionalmente felices.

En los siguientes años, cuando me involucré en cosas que no glorificaban a Dios, mi mamá y mi abuela nunca dejaron de orar por mí. Estoy convencido de que, sin sus oraciones, podría haber terminado en una situación totalmente diferente en mi vida y vocación.

Cuando tenía dieciséis años comencé a cuestionar mi fe y por primera vez comencé a considerar mi llamado. El paso inicial ocurrió cuando pasé al frente delante de mi iglesia, un domingo por la noche, para confrontar de manera personal numerosas hipocresías relacionadas con mi fe. Como resultado, volví a comprometer mi vida con Cristo y me rebauticé. Estaba cansado de ser miserable. ¡Mi deseo era ir con todo y abrazar mi fe de una vez por todas!

Fue durante este tiempo que fui desafiado a compartir mi fe por primera vez. Mi pastor de jóvenes me dio un bosquejo para lo que se llama «el Camino Romano» con las instrucciones de compartir el evangelio con al menos una persona que no fuera salva esa semana. Avancemos rápido hasta el martes por la noche. Invité a una chica a venir a mi casa y, para mi sorpresa, ¡aceptó mi invitación! De alguna manera terminamos afuera jugando baloncesto. Aproximadamente a los diez minutos, Dios comenzó a susurrarme al oído algo como: «David, ¿recuerdas ese esquema del Camino Romano que recibiste el domingo por la noche? Este es un momento perfecto para compartirlo con esta joven».

Siendo honesto, ¡estaba totalmente petrificado! Pero después de varios minutos incómodos, le pregunté si iba a la iglesia. Para mi disgusto, ella dijo: «No». A continuación, le pregunté si era cristiana, y nuevamente dijo algo como: «No que yo recuerde». Finalmente, después de hacer estas preguntas, escuché al Espíritu Santo y la invité a entrar a mi casa para compartir el bosquejo del Camino Romano. Está por demás decir que la presentación carecía de continuidad y confianza. ¡Me sorprendió que mi presentación no la alejara ni de mí ni de Jesús!

Finalmente le pregunté si entendía lo que compartía. Para mi sorpresa, ella reconoció que era una pecadora y expresó su necesidad de ser perdonada. A pesar de mis obvios temores y defectos, ¡el Espíritu Santo ganó! Lo creas o no, ella fue salva esa noche, ¡y nunca lo he olvidado! Como nota al margen, me casé con esa chica siete años después.

Algo sucedió en mí cuando vi a Dios obrar a través de su glorioso evangelio. Esa noche cambió la dirección de mi vida. Por primera vez, comencé a reconectarme con el llamado que sentí cuando era un niño de diez años. Unos años más tarde, después de ser asesorado por numerosas personas, a la edad de veinte años finalmente pasé al frente de mi iglesia y abracé públicamente el llamado de Dios como pastor, maestro y evangelista. Hubo paz instantánea, alegría y una profunda sensación de emoción. Más de cuarenta años después, ¡todavía la hay!

Acerca de David Wheeler

Está sirviendo actualmente como profesor de evangelismo en la Liberty University (Universidad Libertad). David fue pastor y se desempeñó como director de evangelismo y oración para la Convención Bautista de Indiana. Recibió su Maestría en Divinidades y un Doctorado en Filosofía del SWBTS (Seminario Bautista del Sudoeste).

El llamado de Jonathan LaFleur al ministerio

He amado la Palabra de Dios desde que era niño. A la edad de doce años comencé a asistir a una escuela cristiana que me pidió que obtuviera una Biblia nueva, ya que la que tenía en ese momento era una Biblia ilustrada para niños. Así que mi mamá me llevó a la librería Good News en Houma, Luisiana, para comprar mi primera «Biblia para adultos». Era azul y plateada, los colores de mi nueva escuela, y tenía mi nombre inscrito en la portada. Me llené de orgullo y emoción cuando la sostuve por primera vez y hojeé sus páginas.

Fui a casa esa noche y abrí mi nueva Biblia justo por la mitad y comencé a leer el Salmo 1. Luego leí el Salmo 2, el Salmo 3, y así sucesivamente hasta que, mucho después de mi hora de acostarme, terminé de leer todo el libro de Salmos. El tiempo parecía ser irrelevante; estaba completamente consumido en las Escrituras. En ese momento supe dos cosas: amaba la Biblia y quería ayudar a otros a amarla tanto como yo.

Dos años más tarde comencé a asistir al grupo de jóvenes de los miércoles por la noche con mi amigo Clay en su iglesia. Tenían un nuevo ministro de jóvenes llamado Eric que acababa de salir del seminario y le apasionaba el discipulado. Una noche en el grupo de jóvenes, sin razón aparente en absoluto, Eric nos señaló a Clay y a mí y dijo: «Ustedes dos van a comenzar a liderar nuestro grupo de jóvenes en la adoración musical».

Miramos a nuestro alrededor preguntándonos si realmente nos estaba hablando a nosotros o a otra persona. Nos dimos cuenta de que efectivamente nos estaba hablando a nosotros y nos preguntamos si hablaba en serio o estaba bromeando. No teníamos experiencia de liderazgo ni talento musical en ese momento, pero Eric vio el potencial en nosotros y Dios lo usó para sacarlo a la luz. Comenzamos a dirigir la adoración para el grupo de jóvenes. Lo hicimos durante los siguientes cinco años y finalmente nos volvimos bastante buenos.

Casi al mismo tiempo que comenzamos a dirigir la adoración, Eric comenzó a discipularnos, derramando en nosotros todo lo que sabía sobre vivir para el Señor. Estudió la Biblia con nosotros, nos desafió, se hizo amigo de nosotros y nos dio más y más oportunidades de servir en el grupo de jóvenes y en la iglesia. Durante una de nuestras muchas reuniones de grupos de discipulado, finalmente compartí con Eric lo que había estado sintiendo durante años: que el Señor me estaba llamando al ministerio vocacional.

Cuando le dije esto a Eric, respondió rápidamente: «No tengo ninguna duda de que eso es cierto. De hecho, lo he visto en ti desde el momento en que te elegí para dirigir la adoración de nuestro grupo de jóvenes». Luego oró por mí, específicamente para que no descuidara la Palabra de Dios, ni el regalo que me Él me dio, ni el llamado a predicar su nombre. Y hasta el día de hoy, más de veinte años después, puedo decir para la gloria de Dios y solo por su gracia, que no he dejado de seguir el llamado.

Acerca de Jonathan LeLe Fleur

Jonathan se desempeña como pastor principal en la Primera Iglesia Bautista del Sur en Terre Haute, Indiana. Jonathan ha pastoreado allí desde julio del 2017. Recibió su Maestría en Divinidades del New Orleans Baptist Seminary (Seminario Bautista de Nueva Orleans).

El llamado de Julio Varela al ministerio

Nací el 20 de agosto de 1973 en Torreón Coahuila, México, en una familia católica. Soy el mayor de cuatro hijos. En la fidelidad y misericordia de Dios, mi abuela se convirtió al cristianismo e invitó a mi mamá a ir a la iglesia. Así que mi mamá y yo comenzamos a ir a la iglesia cristiana cuando yo tenía solo cinco años. Recibí al Señor como mi salvador personal a la edad de trece años y fui bautizado.

A los diecisiete consagré mi vida al Señor, y el año siguiente asistí a una conferencia de misiones donde supe que necesitaba servir a Dios vocacionalmente. Sin embargo, siguiendo el consejo de mi padre, fue a la universidad y obtuve un título de Ingeniería en Sistemas Computacionales. Pero todo este tiempo serví en mi iglesia local como líder juvenil y siendo parte del equipo de predicación. Después de terminar la universidad trabajé durante cuatro años para una empresa en el estado de San Luis Potosí, México. Ahí conocí a Alma, quien ahora es mi esposa. Me casé con ella el 20 de diciembre de 1997. Mientras seguíamos en nuestros trabajos seculares, empezamos a servir al Señor juntos en diferentes capacidades en nuestra iglesia local en San Luis Potosí.

Una de mis áreas de servicio era ser pastor de jóvenes, y mi esposa me apoyaba. Hicimos a los muchachos partícipes de muchas actividades recreativas y espirituales entre ellos mismos y con otras iglesias. Una de esas actividades fue una conferencia misionera a la que los llevamos esperando que el Señor llamara a algunos de ellos al ministerio vocacional. Inesperadamente, ¡el Señor nos llamó a mi esposa y a mí! Después de las conferencias hablamos con el orador y él nos dio algunos consejos sobre cómo iniciar el proceso. Una recomendación esencial fue que encontráramos un lugar donde pudiéramos ser equipados para el ministerio. Mi pasión por la Palabra de Dios me movió a buscar un lugar en el que también pudiera aprender griego y hebreo.

Obedeciendo la voz de Dios, mi esposa y yo renunciamos a nuestros trabajos, y dejando nuestro país, familia y amigos, vinimos al Seminario Bíblico Río Grande, en Edinburg, Texas, para prepararnos para servir al Señor vocacionalmente. Mientras aún estudiábamos en el Seminario Río Grande, Dios nos llamó a servirle allí. Así que en julio del 2003 nos mudamos a Kansas City, Missouri, para que yo continuara con mi preparación académica en Calvary Theological Seminary (Seminario Teológico el Calvario); ahí obtuve una Maestría en Teología, una Maestría en Biblia y una Maestría en Divinidades. Mi esposa y yo regresamos como misioneros al Seminario Río Grande en mayo del 2007, donde enseñamos por doce años tanto en el seminario como en la Escuela del Idioma para Misioneros. Durante este tiempo Dios también me permitió terminar mi Doctorado en Teología.

Nos despedimos de Río Grande en el 2019 para ir a Colorado Springs, ya que había sido invitado a ser parte del equipo pastoral de una iglesia que nos había apoyado económicamente durante nuestro tiempo en Río Grande. Pero a pesar de que la dirección de Dios había sido clara, salimos de esta iglesia el mismo año, y regresamos a Edinburg, Texas. Fue difícil dejar la iglesia en Colorado, pero era mejor ser obedientes a Dios que quedarnos allí.

En enero del 2020 comencé como pastor interino del servicio en español en Calvary Baptist Church (Iglesia Bautista el Calvario), en McAllen, Texas, y unos meses más adelante me invitaron formalmente a ser parte del equipo pastoral. Luego, en mayo del 2021, el presidente del Seminario Bíblico Río Grande, Dr. Larry Windle, se puso en contacto conmigo y me extendió la invitación para ser el vicepresidente de educación del seminario. Aunque sí fue un reto servir a la vez en el seminario y en la iglesia, ¡puedo decir que fue un gozo!

Estos son solo algunos ejemplos de cómo he servido al Señor obedeciendo su llamado. Como puedes ver, mi esposa y yo comenzamos un viaje que cambió nuestras vidas cuando decidimos obedecerlo, pero ambos estamos seguros de que ha sido una bendición, y más que nada, un honor.

Acerca de Julio Varela

Actualmente Julio se desempeña como pastor principal bilingüe de la United Baptist Church (Iglesia Bautista Unida) en Laredo, Texas. Anteriormente se desempeñó como vicepresidente de educación del Seminario Bíblico Río Grande y luego como decano académico en la Universidad Bautista de las Américas en San Antonio, Texas. Recibió su Maestría en Divinidades del Calvary Theological Seminary (Seminario Teológico el Calvario) y su Doctorado en Teología (PhD) de Piedmont International University (Universidad Internacional Piedmont).

El llamado de Kurt Owens al ministerio

Hubo un momento en que mi foto podría haber sido publicada junto al término «anticristo» en el diccionario. Y no tanto porque yo fuera un incrédulo, sino porque mi estilo de vida lo decía a gritos. Irónicamente, crecí como hijo de predicador y pasé la mayor parte de mi infancia tratando de probar que solo mis padres eran salvos. Me impulsaba la necesidad de aceptación y validación. Aunque buscaba aceptación, experimenté años de rechazo por parte de los más cercanos a mí. Me faltaba mucha autoestima y me empecé a ver a mí mismo como si fuera un extraño. Incluso en la iglesia no estaba a la altura del resto de la gente. Sentí que no pertenecía allí. A pesar de ser el hijo de un predicador, me sentía como si estuviera condenado al infierno. Nunca entendí por qué tenía que rogarle a Dios que me salvara y me aceptara, así que finalmente dejé de tratar de complacerlo.

En cambio, me volví a las calles de Milwaukee. Después de convertirme en un exitoso traficante de drogas, mis compañeros me aceptaron con creces. Como traficante de drogas, vestía la mejor ropa, conducía los mejores autos y tenía muchas mujeres hermosas. Ganaba demasiado dinero, así que simplemente compré la aceptación y validación de otros. Sin embargo, mi lujoso estilo de vida también me convirtió en un objetivo. Me robaron en tres ocasiones distintas. Sorprendentemente, no fue hasta el último robo a punta de pistola que comencé a considerar seriamente la vida después de la muerte. Nunca olvidaré ese día en que me apuntaron con dos armas a la cabeza.

Cuando los hombres armados me ordenaron que me arrodillara, parecía como si solo me quedara tiempo suficiente para pedirle a Dios que me perdonara. Sorprendido de que todavía estuviera vivo, seguí mi pedido de perdón con una promesa. Le prometí a Dios que si podía sacarme de esa situación en particular, cambiaría mi vida completamente. En un extraño giro del destino, los pistoleros no apretaron el gatillo y, en cambio, exigieron que los llevara a donde estaba el dinero. Aunque ya me habían robado por las drogas, querían más. Sea como fuere, los llevé al porche superior en el segundo piso de mi casa y metí la mano debajo de la barandilla como si tuviera dinero escondido allí. En un solo movimiento, hice un giro completo de 360 grados y volteé mi cuerpo fuera del porche mientras caía al suelo con mis pies descalzos. Si bien no hay una explicación razonable de cómo fue eso posible, Dios no solo me escuchó sino que me perdonó la vida ese día. ¡Fui cambiado para siempre!

A partir de ese día comencé un examen ininterrumpido de lo que le habría sucedido a mi alma si me hubieran matado ese día. Aunque sabía que necesitaba a Cristo en mi vida, también sabía que no estaba a la altura de los cristianos de la iglesia de mi padre. No tenía ni idea de cómo vivir una vida santa y justa. Sin embargo, cumplí mi voto al Señor. Me alejé por completo de mi vida como traficante de drogas y acepté un trabajo como repartidor para una compañía farmacéutica. (Irónico, ¿no?)

Mi jefe se interesó mucho en mí y comenzó a invertir en mi vida. Me dijo que quería enseñarme el negocio, me llevó al almacén y, de allí, a la oficina principal. Me capacitó en todo lo que había en la empresa, y cuando terminó el año, ya me había abierto camino hasta la cima de esa sucursal. Un par de meses después, me ascendieron a la oficina corporativa en Jackson, Mississippi. En un período de dieciocho meses, había pasado de ser un traficante de drogas callejero a dirigir trece sucursales en todo el país. En ese momento, supe sin lugar a dudas que Dios estaba obrando en mi vida.

Un par de semanas después de llegar a Jackson, un caballero blanco mayor llamó a mi puerta. Dijo que estaba en el vecindario y simplemente quería compartir las buenas nuevas del evangelio. Le respondí diciéndole que solo estaría perdiendo el tiempo, porque yo era hijo de un pastor y ya sabía sobre el evangelio. Afortunadamente, no aceptó mi respuesta. Recuerdo que me preguntó: «Si murieras esta noche y te presentaras a la puerta de Dios, ¿qué le dirías para poder entrar?». Dije algo así como que mi bien superaba a mi mal. Fue entonces cuando me informó que la salvación no tenía nada que ver con lo que había hecho en la vida. Sin embargo, su declaración iba en contra de todo lo que había creído sobre la salvación.

Luego compartió conmigo un pasaje de las Escrituras que nunca había visto. Era Romanos 10:9 y decía: «que si confiesas con tu boca que Jesús es el Señor y crees en tu corazón que Dios lo levantó de entre los muertos, serás salvo». Discutí de un lado a otro con el hombre que me hablaba de mi necesidad de ser santo y perfecto, pero él seguía señalando las Escrituras. Toda mi vida creí que tenía que hacer lo bueno antes de ser aceptado como cristiano. Esa noche di vueltas y vueltas, preguntándome cómo esa Escritura podría ser verdadera a pesar de mis imperfecciones. Lloré como un bebé cuando finalmente me golpeó. Pensé para mí mismo: «Si esta Escritura es cierta, yo recibí la salvación a la edad de nueve años». Esa noche, todavía imperfecto e injusto, llegué al conocimiento de mi salvación. Por primera vez en la vida, supe que había sido cubierto y aceptado por el amor de Cristo.

Desde esa noche he tenido una gran paz y tranquilidad al saber que Cristo me ha asegurado la vida eterna. Nunca olvidaré mi experiencia cercana a la muerte ni la noche en que llegué al conocimiento de mi salvación. Esos dos días me han impactado para siempre. El mayor cambio que he notado en mi vida después de recibir a Cristo es el hecho de que ya no busco la validación o la aceptación de los demás. Todas mis necesidades emocionales y espirituales se satisfacen a través del amor de Cristo. Me di cuenta de que Él es todo lo que necesito. Hoy soy mucho más misericordioso, perdonador, paciente y amoroso con otras personas imperfectas porque siempre recuerdo que se me concedió lo mismo.

Acerca de Kurt Owens

Se desempeña como pastor principal de la Iglesia UFlourish (Florece) en Milwaukee, Wisconsin. Kurt es el fundador de Bridge Builders (Constructores de Puentes), que inspira la innovación en los barrios menos privilegiados de la ciudad. Recibió su Maestría en Ministerio Cristiano de la Liberty University (Universidad Libertad) y su Doctorado en Educación Cristiana y Liderazgo Organizacional de Grand Canyon University (Universidad Gran Cañón).

El llamado de Warren Gasaway al ministerio

El llamado de Dios al ministerio a menudo se ve muy diferente de persona a persona. A la edad de veinticuatro años, mientras servía como jefe de departamento de servicios creativos para una estación de televisión, mi esposa, mi hijo de dos años y yo nos arrodillamos en nuestro pequeño apartamento y finalmente nos rendimos al llamado al ministerio. Nuestra sencilla oración a Dios fue: «Adonde sea, cuando sea, y lo que quieras eso haremos». Sabíamos que esas palabras y el corazón detrás de ellas podrían llevarnos en una dirección muy diferente. Sin embargo, no teníamos idea de la aventura de veinticinco años que tenía para nosotros.

Mi trasfondo no necesariamente me formó para el ministerio. No crecí en una familia devotamente religiosa. Habiendo ido a una universidad grande y secular, no tenía educación de colegio bíblico o seminario. Tampoco tenía mucha experiencia en el liderazgo de la iglesia. Sin embargo, después de que Dios nos guió a través de ciertos pasajes de la Escritura (especialmente 1 Timoteo), después de más de un año de oración y ayuno, aliento de los líderes y pasión por alcanzar a las personas, Melissa y yo estábamos firmemente convencidos de que Dios nos estaba llamando a una vida de servicio a tiempo completo para Él. Mientras luchábamos con este llamado, algunos amigos cercanos nos dieron oportunidades de experiencia para descubrir si Dios realmente estaba obrando ese llamado en nuestras vidas.

Sin saber a dónde nos llevaría tal rendición, simplemente estábamos resueltos a dar el siguiente paso que el Señor pusiera por delante, ya fuera seminario, campo misional o trabajo bivocacional. Tres meses después de rendirme, una iglesia me pidió que hablara en un retiro para jóvenes. No sabía que estaban buscando un ministro de jóvenes, ni sabía que la mayoría del equipo de búsqueda estaría allí. Después del servicio, me pidieron el currículum. Pensé que solo estaban siendo amables. Dos meses después, iba de camino al lugar en el que serviría durante más de once años. Dios confirmó el llamado en nuestras vidas. Durante mi tiempo allí, la iglesia apoyó la promoción de mi educación en el seminario y brindó múltiples experiencias para el liderazgo, la predicación y el pastoreo de personas.

El llamado al ministerio le pertenece a Dios, y es *su* trabajo para *su* gloria; de manera que Él es Quien nos equipa. Creo que la voluntad de Dios para nuestras vidas se puede encontrar en la rendición. Él nos muestra su voluntad a través de las posibilidades, a través de la oración, a través de nuestras pasiones dadas por Dios, a través del aliento de las personas, a través de la paz en la rendición y a través de pasajes de las Escrituras. El llamado de Dios puede parecer diferente de persona a persona, pero Él usa algunos de los mismos «empujones» para mostrarle a la gente lo que Él está haciendo. Y siempre está trabajando, haciéndonos crecer para las tareas que Él nos da.

Desde el llamado de Dios en nuestras vidas, he servido como ministro de jóvenes y niños, pastor asociado, pastor de familia, estratega de jóvenes en el personal de la convención, líder asistente del equipo y ahora líder del equipo para una convención. Dios me ha llamado a muchos roles de pastor interino, para liderar los esfuerzos ministeriales en todo el estado y para dar dirección en la asociación de cientos de iglesias. Ninguno de estos roles ni ministerios estaba en mi mente cuando Dios me llamó. No me podría haber imaginado haciendo estas cosas. Solo Él podría liderar y proveer para sus planes. Todo lo que mi familia y yo queríamos era servir donde Dios quisiera, cuando Él quisiera y haciendo lo que Él quisiera.

Mi oración es que la próxima generación de líderes reconozca el gran llamado de Dios para guiar y pastorear a las personas, de manera que lo amen a Él y a los demás. ¡Rendirnos a su voluntad en ese llamado sigue siendo la gran alegría de nuestras vidas!

Acerca de Warren Gasaway

Warren se desempeña como director de evangelismo y especialista en ministerio estudiantil universitario para la Convención Estatal Bautista de Arkansas. Recibió su Maestría en Divinidades del Southwestern Baptist Theological Seminary (Seminario Teológico Bautista del Sudoeste).

El llamado de Mark Millman al ministerio

Mi llamado al ministerio tuvo lugar durante un período de tiempo. Un concepto con el que luché es que realmente creo que el llamado a la salvación es un llamado al ministerio para todos los creyentes. Algunos de nosotros estamos llamados a ser equipadores. Entonces este testimonio es cómo fui llamado al liderazgo como equipador.

La primavera de 1989 es cuando puedo recordar como el momento crucial para mí. Después de graduarme de la universidad y de buscar trabajo durante casi dos años, tuve dos ofertas de trabajo. Una era para ser programador informático con la compañía Electronic Data Systems (Sistemas de Datos Electrónicos). La segunda opción era para ser misionero por dos años en la plantación de iglesias con la Junta de Misiones Locales de la Convención Bautista del Sur, con sede en Orlando, Florida.

Después de mucha oración y lucha durante varias semanas que se convirtieron en meses, Dios me guió a tomar la posición en Orlando, que comenzó en agosto de 1989. Dejé pasar mucho más dinero, beneficios y una vida «más suave». Muchos a mi alrededor pensaron que no estaba tomando la decisión correcta.

Pero a través de la Palabra de Dios, la oración y el aliento de personas clave, me mudé a Orlando con la ayuda de mis padres en agosto de 1989. Durante los siguientes dos años mi supervisor oró conmigo mensualmente sobre cuáles serían mis próximos pasos. Serví en este ministerio de plantación de iglesias en todo el centro de Florida de muchas maneras diferentes.

Durante ese tiempo, Dios se mostró claramente en mi vida. Cuando mi tiempo estaba terminando en Orlando, en 1991, tomé la decisión de asistir al Golden Gate Baptist Theological Seminary (Seminario Teológico Bautista el Puente Dorado), en Mill Valley, California. Mi experiencia en el seminario también resultó ser una transformación de vida con las relaciones que desarrollé, junto con mis estudios.

Al mirar hacia atrás, sé que Dios usó este período de tiempo para llamarme al ministerio vocacional como equipador y líder de personas. Aunque estoy lejos de ser perfecto, ahora puedo mirar hacia atrás para ver cómo Dios usó este tiempo para moldear y seguir moldeando con su mano mi vida.

Acerca de Mark Millman

Se desempeña como catalizador de plantación de iglesias de la Junta de Misiones Norteamericanas para el estado de Wisconsin. Anteriormente Mark sirvió en iglesias en Florida y Nueva Jersey. Recibió su Licenciatura en Administración de Empresas de la Indiana State University (Universidad Estatal de Indiana). Recibió su Maestría en Divinidades y su Doctorado en Mininsterio con enfoque en evangelismo, misiones y crecimiento de la iglesia del Southern Baptist Theological Seminary (Seminario Teológico Bautista del Sur).

Parte 2
Sermones del llamado al ministerio

En esta parte hemos proporcionado dos sermones con el tema del llamado al ministerio. El primero se basa en Romanos 10:14-15 y el segundo en 2 Timoteo 2:1-2. Los mensajes están formateados en un estilo desarrollado por el Dr. Wayne McDill, exprofesor de predicación en el Southeastern Baptist Theological Seminary (Seminario Teológico Bautista del Sureste). Rob preparó estos mensajes como una herramienta para ti, el lector. Sentimos que una de las razones por las que hay una falta de flujo en el ministerio en el tiempo presente es que no hay suficientes pastores que prediquen mensajes para llamar a los llamados. Por lo tanto, el propósito de proporcionar estas muestras es animar verdaderamente a los pastores a predicar mensajes similares a estos. Esperamos que les sean útiles.

Mensaje de llamado al ministerio I
Romanos 10:14-15

Introducción

A mediados del siglo XIX en las grandes ciudades, los editores de periódicos hacían que los jóvenes vendedores promovieran las ediciones especiales de sus periódicos en las esquinas de las calles. A menudo, para llamar la atención de la multitud, estos muchachos gritaban: «¡Extra! ¡Extra! ¡Lea las noticias frescas del momento!». Ellos hacían esto para que los que pasaban por las aceras compraran un periódico. Por lo general, estos jóvenes primero gritaban el encabezado para desencadenar una respuesta y que la gente comprara los periódicos porque querían leer más sobre la historia detrás de ese encabezado. Hoy, como cristianos del siglo XXI, tenemos una historia con un encabezado asombroso y hechos sorprendentes. La pregunta que nos tenemos que hacer es: ¿Quién está gritando para llamar la atención de un mundo perdido y desquebrajado?

Oración

Comencemos con una oración.

Querido Padre Celestial:

Este día pedimos que tu poder trabaje en nuestras vidas para alcanzar al mundo con el mensaje del evangelio de salvación; que lo llevemos a cada esquina, cada lugar y cada rincón en este mundo. Que seamos capaces de tocar con el evangelio a los que parecen intocables. Quítanos el miedo y fortalécenos con fe, coraje y celo para proclamar audazmente al mundo que Jesucristo es el Señor. Y para aquellos que están aquí con nosotros hoy que realmente no te conocen, te rogamos que abras sus ojos y sus corazones al amor de nuestro Salvador Jesucristo. En el santísimo nombre de Jesús oramos. Amén.

Texto bíblico

Nuestro texto de hoy está tomado de la carta de Pablo a los Romanos:
Ahora bien, ¿cómo invocarán a aquel en quien no han creído? ¿Y cómo creerán en aquel de quien no han oído? ¿Y cómo oirán si no hay

quien predique? ¿Y cómo predicarán sin ser enviados? Así está escrito: «¡Qué hermosos son los pies de los que anuncian las buenas noticias!» (Ro 10:14-15).

Idea textual

El texto de hoy nos lleva a dos preguntas: (1) ¿Cómo pueden las personas llegar a conocer la gracia salvadora de Jesucristo sin que alguien se lo diga? Y, (2) ¿a quién se envía a compartir las buenas nuevas?

Proposición del sermón

La idea principal del mensaje de hoy es: «Cada creyente, hombre o mujer, tiene un llamado a servir a Dios con su vida; entonces, ¿a dónde te está llamando Dios?».

Necesidad

Hoy en América del Norte hay más de 281 millones de personas que no conocen a Jesús. Eso significa tres de cada cuatro personas, incluidas personas que conoces, amigos, compañeros de trabajo y tal vez alguien que vive contigo en la misma dirección. Más que nunca, como cuerpo de Cristo, cada cristiano necesita darse cuenta de que Dios tiene un llamado en la vida de cada individuo para compartir a Jesús con un mundo perdido y quebrantado.

Interrogante

Como muchos necesitan aprender de Jesús y conocerlo, la pregunta continua es: ¿Cómo y adónde te está llamando Dios a servirlo y proclamarlo?

Declaración 1: ¿Cuál es la historia que Dios quiere que escuches y compartas?
Explicación

A medida que exploramos el texto bíblico de hoy, tomemos un momento para repasar brevemente esta carta que Pablo escribió a los romanos antes del texto de hoy en el capítulo 10. Esta porción de las Escrituras es bien conocida, ya que se ha utilizado como herramienta de evangelismo (también conocida como «el Camino Romano»). Su mensaje es muy claro. De manera similar a un repartidor de periódico que grita: «¡Extra! ¡Extra! ¡Lea las noticias frescas del momento!», esta era la forma en que Pablo en su tiempo gritaba: «¡Jesús está vivo! ¡Ha resucitado de entre los muertos!».

Puede que Pablo no haya sido editor de un periódico, pero al igual que los editores de hoy, sabía cómo escribir una historia con un encabezado convincente y firmarlo, pero también explicar la historia en detalle. Comunicó claramente que aquellos que se arrepientan de sus pecados y crean y confíen plenamente en Jesús recibirán el regalo de la vida eterna.

Veamos el contexto de la situación. Pablo aún no había visitado Roma cuando escribió esta carta a los romanos en el año 57 d. C. Estaba en el tramo final de su estadía en la antigua ciudad de Corinto, que estaba ubicada en Grecia, en un istmo que separaba el mar Egeo y el mar Jónico, los cuales estaban a solo seis millas uno del otro. Fue allí donde Pablo habría visto de primera mano la depravación de la condición humana, ya que era un lugar donde habría encuentros cotidianos con marineros, comerciantes, idólatras e incluso cristianos esclavizados. La inmoralidad sexual era desenfrenada. Había un templo dedicado a la diosa Afrodita, y las mujeres jóvenes servían como prostitutas en homenaje a esta diosa de la fertilidad. La combinación de la experiencia de Pablo y las interacciones en Corinto lo ayudaron a escribir su Carta a los Romanos, ya que poseía una perspectiva de primera mano de la situación.

Así que ahora que tenemos el contexto, unámonos a Pablo mientras escaneamos rápidamente los aspectos más destacados de este Camino Romano. En la primera parte del capítulo uno, Pablo detalla sus credenciales para proclamar el evangelio a todos. Pablo escribió que fue apartado para predicar el mensaje mismo, el evangelio, y estaba ansioso por predicarlo en Roma. Escribió: «A la verdad, no me avergüenzo del evangelio, pues es poder de Dios para la salvación de todos los que creen: de los judíos primeramente, pero también de los que no son judíos. De hecho, en el evangelio se revela la justicia que proviene de Dios, la cual es por fe de principio a fin, tal como está escrito: "El justo vivirá por la fe"» (Ro 1:16-17).

Entonces, ¿cuál es este evangelio verdadero sobre el que Pablo está escribiendo? Para averiguarlo, veamos Juan 10.

En Juan 10:9 Jesús dijo: «Yo soy la puerta; el que entre por esta puerta, que soy yo, será salvo. Podrá entrar y salir con libertad y hallará pastos». El evangelio en el que debemos confiar es la puerta a la salvación, que es Jesucristo mismo. Debemos arrepentirnos sinceramente de nuestros pecados y Cristo perdonará nuestras transgresiones, porque Él mismo expió nuestros pecados en la cruz. En pocas palabras, ¡este es el evangelio! Este es el poder de la salvación, y esta es la historia que Dios quiere que escuchemos y compartamos.

Ahora, si nunca has oído hablar del Camino Romano o nunca has entendido este método para explicar el evangelio, entonces te animo a que con cuidado tomes notas. Hoy vamos a hacer un bosquejo de las verdades claves.

Verdad #1: *Todos hemos pecado.* El pasaje que se correlaciona con esto es Romanos 3:23-24, donde Pablo proporcionó la razón por la que todos necesitamos ser salvos: «pues todos han pecado y están privados de la gloria de Dios, pero por su gracia son justificados gratuitamente mediante la redención que Cristo Jesús efectuó». Solo podemos recibir este don a través de la fe.

Verdad #2: *Necesitamos comprender las consecuencias del pecado.* Romanos 6:23a dice: «Porque la paga del pecado es muerte».

Verdad #3: *El regalo de Dios es vida eterna.* Esto lo dice Pablo en la segunda parte del versículo de Romanos 6:23: «mientras que el regalo de Dios es vida eterna en Cristo Jesús, nuestro Señor».

Verdad #4: *Necesitamos conocer el amor de Dios.* Romanos 5:8: «Pero Dios demuestra su amor por nosotros en esto: en que cuando todavía éramos pecadores, Cristo murió por nosotros».

Verdad #5: *Cuál es nuestra respuesta.* Romanos 10:9-11 dice: «que si confiesas con tu boca que Jesús es el Señor y crees en tu corazón que Dios lo levantó de entre los muertos, serás salvo. Porque con el corazón se cree para ser justificado, pero con la boca se confiesa para ser salvo. Así dice la Escritura: "Todo el que confíe en él no será defraudado"».

Verdad #6: *La certeza eterna.* Pablo cita al profeta Joel en Romanos 10:13: «porque "todo el que invoque el nombre del Señor será salvo"».

Aquí está el resumen sucinto de estos pasos: Somos pecadores y estamos desesperados por la salvación; solo hay Uno que nos ha justificado a través del regalo de su justicia, y ese es Jesús. Debemos arrepentirnos, confesar nuestros pecados, alejarnos de toda injusticia y seguir a Jesús. Él es nuestra única esperanza.

Ilustración

La mejor manera de ilustrar cuán desesperada es nuestra necesidad de salvación es imaginar a un grupo de personas que van sobre una balsa por un río embravecido. Todos son orgullosos y fuertes, todos son buenos nadadores, así que en lugar de haber usado los chalecos salvavidas, los dejaron en el piso de su balsa. Mientras reman, un aguacero torrencial cae sobre ellos y el río comienza a crecer y ruge aún más. Son arrastrados por las olas, y con sus remos en la mano encuentran un lugar estrecho en el río donde la corriente es rápida y las rocas abundan por todas partes. De repente, la balsa se vuelca y todos son arrojados al río. Sus salvavidas son arrastrados fuera de su alcance; el río está crecido y las corrientes parecen ir a toda velocidad. ¡Por supuesto que todos necesitan ser rescatados! Detrás de ellos viene otra embarcación con navegantes experimentados que traen sus chalecos salvavidas, y además traen consigo un salvavidas redondo. Aquellos a quienes pueden alcanzar se salvan, y aquellos a los que no pueden alcanzar son derribados por las garras del río y se pierden para siempre. La única esperanza de permanecer con vida era agarrar y aferrarse al salvavidas.

Esta historia es un fuerte paralelo a nuestra historia, ¡nuestra única esperanza es Jesús!

Desarrollo

La verdad que se encuentra en esta serie de versículos bíblicos es muy clara. Todos hemos estado destituidos de la gloria de Dios; todos hemos pecado y merecemos la muerte. Y aun cuando tú y yo estábamos sumidos en lo profundo de nuestro pecado, Jesús tomó la cruz por nosotros para que podamos ser salvos y vivamos con él en la eternidad. Debemos confesar, arrepentirnos, apartarnos de toda injusticia y seguirlo. Él es nuestra única esperanza. Este es el momento de la verdad para cada uno de nosotros; Aquí es donde tienes que tomar una decisión. ¿Admites que eres pecador?

Aplicación

La buena noticia es que Jesús murió en la cruz por nuestros pecados, y gracias a Él somos limpiados con su justicia. Sabemos esto por lo que escribió Pablo en su segunda carta a los Corintios: «Al que no cometió pecado alguno, por nosotros Dios lo trató como pecador, para que en él recibiéramos la justicia de Dios» (2 Co 5:21). No hay forma de que nos limpiemos y seamos justos sin Jesús. El escritor de Hebreos señaló que Jesús es el nuevo pacto, y todos aquellos que ponen su confianza en Jesucristo comparten la herencia eterna que Jesús proporciona a través de su muerte y resurrección. Él es nuestro redentor; tu redentor y mi redentor, y solo somos purificados por la sangre que Cristo mismo proveyó. Es solo por su sangre y sacrificio que nuestros pecados son expiados, cada uno de nosotros, y compartimos la salvación que Él provee.

Transición

Estas son las buenas nuevas que todos deben escuchar, pero ¿cómo puede uno conocer el evangelio sin escucharlo? Esto nos lleva a nuestra siguiente pregunta.

Declaración 2: ¿Cómo se puede contar la historia de Dios sin un predicador?
Explicación

Al reflexionar sobre esta pregunta y el llamado del apóstol Pablo, una referencia rápida para reflexionar es Hechos 9, donde Pablo tiene su encuentro con Jesús en el camino a Damasco. Antes de este capítulo aprendemos que Pablo, entonces conocido por su nombre hebreo «Saulo», acababa de supervisar la lapidación y muerte de Esteban. Y ahora en el capítulo 9, todavía enfurecido, Saulo solicitó cartas de los líderes judíos para arrestar a los seguidores de Cristo, conocidos como «los del camino», en la ciudad de Damasco.

Pablo era un hombre muy motivado, y deduzco al leer las Escrituras que él y los que con él estaban habrían caminado rápidamente —tal vez incluso iban marchando—, sintiéndose imparables con un celo increíble, ya que tenía órdenes en la mano. Hechos 9:3-9 narra que mientras iban caminando, de repente «una luz del cielo relampagueó». Jesús detuvo a Saulo en seco, cegándolo, y luego le habló con voz muy clara: «Saulo, Saulo, ¿por qué me persigues?». En respuesta, el conmocionado Saúl comentó: «¿Quién eres, Señor?». En respuesta, Jesús dijo: «Yo soy Jesús, a quien tú persigues... Levántate y entra en la ciudad, que ahí se te dirá lo que tienes que hacer». Y sigue diciendo: «Los hombres que viajaban con Saulo se detuvieron atónitos porque oían la voz...». Fue entonces cuando

Saulo, el perseguidor, se levantó de sus manos y rodillas y terminó su viaje a Damasco a ciegas.

Pasamos la página a la siguiente escena de la historia, en Damasco, donde el Señor habló con un hombre llamado Ananías.

Había en Damasco un discípulo llamado Ananías, a quien el Señor llamó en una visión:
—¡Ananías!
—Aquí estoy, Señor.
—Anda —le dijo el Señor—, ve a la casa de Judas, en la calle llamada Derecha, y pregunta por un tal Saulo de Tarso. Está orando y ha visto en una visión a un hombre llamado Ananías que entra y pone las manos sobre él para que recobre la vista.
Entonces Ananías respondió:
—Señor, he oído hablar mucho de ese hombre y de todo el mal que ha causado a los que creen en ti en Jerusalén. Y ahora lo tenemos aquí, autorizado por los jefes de los sacerdotes, para llevarse presos a todos los que invocan tu nombre.
—¡Ve! —insistió el Señor—, porque ese hombre es mi instrumento escogido para dar a conocer mi nombre tanto a las naciones y a sus reyes como al pueblo de Israel. Yo le mostraré cuánto tendrá que padecer por mi nombre.
(Hechos 9:10-16)

Obviamente Ananías se mostraba desconfiado, pero fue obediente al Señor. Cuando Ananías entró en la casa donde se encontraba Saulo, el milagro estaba a punto de suceder. Ananías puso sus manos sobre Saulo, fue lleno del Espíritu Santo, se le cayeron escamas de los ojos y luego fue bautizado. Fue una transformación asombrosa cuando Saulo dio un giro completo de 180 grados, porque en el versículo 19 leemos que Saulo permaneció en Damasco por algún tiempo, no como un perseguidor sino como un fuerte defensor que proclamaba a Jesús como el Señor y Mesías.

¿Por qué les comparto esta historia hoy? ¡La comparto para que te des cuenta de que la historia de Dios debe ser contada! Su historia necesita ser contada por un predicador. La comparto con ustedes hoy porque es un gran ejemplo de cómo Dios puede usar a cualquier persona, en cualquier momento y en cualquier lugar para su propósito. Toda tu vida podrías estar viviendo alejado de la verdad, pero si Dios así te elige, al igual que

Pablo, tú también puedes ser un instrumento escogido para su servicio. Hoy el Espíritu Santo podría estar usando mi voz para hablarte. Dios tiene un plan para cada uno de nosotros; *¿cuál es su plan para ti?*

Ilustración

Hay muchas historias de hombres que tenían otros planes para su vida, y Dios cambió su trayectoria. Peter Ko era un estudiante de Corea que asistía a la Universidad de Oregon para estudiar medicina y convertirse en médico, pero Dios lo hizo dar un giro y ahora es pastor de una iglesia de habla coreana en Madison, Wisconsin.

Reggie Taylor es de Memphis, Tennessee; abandonó la escuela a los 13 años. Reggie vendía de uno a dos kilos de cocaína y doscientas libras de marihuana cada semana, y consumía de quince a veinte gramos de cocaína cada día. Como explica en sus propias palabras: era un drogadicto, distribuidor y traficante de drogas. Había estado en la cárcel cinco veces, pero en enero de 1992, mientras estaba encerrado, escuchó el mensaje del evangelio y comenzó a leer la Biblia. Un año después, en julio de 1993, como me explicó Reggie, el Señor le dejó muy claro que tenía un llamado para que predicara las buenas nuevas. Hoy es pastor en South Haven, Mississippi.

Grant Gaines creció en un hogar cristiano y sintió el llamado al ministerio como una aspiración cuando tenía trece años. Durante sus años de escuela secundaria, se le dieron oportunidades para enseñar y predicar, y fue durante este tiempo que afirmó su llamado. Grant ingresó al seminario porque sintió que eso era lo que Dios quería que hiciera, y hoy pastorea una iglesia en Murfreesboro, Tennessee.

Dios puede llamar a cualquiera, en cualquier lugar, en cualquier momento, y puede usar a un hombre o puede usar a una mujer, y puede usarte a ti.

Desarrollo

Pablo estaba en el camino a Damasco; era considerado enemigo número uno por todos los que seguían a Cristo, pero Dios lo transformó. Peter Ko estaba planeando una carrera en medicina y Dios lo colocó en un camino completamente diferente. Reggie Taylor, según todos los informes, fue un completo abandono de la sociedad adecuada, pero Dios lo levantó, lo limpió, y ahora es un verdadero hombre de Dios con mucho fervor, y es un hacedor de discípulos que predica el mensaje del evangelio. Grant Gaines creció en un hogar cristiano fuerte, y él, como muchos hombres con historias similares, permaneció fiel y verdadero, y Dios lo está usando activamente para su servicio.

¡El punto es que Dios necesita un predicador para contar su historia! No importa si fuiste un asesino como Saulo, un ex traficante de drogas como Reggie, alguien que tiene toda su vida planeada como Peter Ko, o si cada pieza del rompecabezas está en su lugar debido a tu educación y fidelidad como Grant Gaines. ¡Dios tiene un plan! Puede usar a cualquier persona de cualquier lugar, en cualquier circunstancia para ser su instrumento elegido.

Aplicación

La Biblia está llena de ejemplos de hombres fieles que Dios llamó para cumplir su propósito. Vemos esto a lo largo del Antiguo Testamento, y en Hebreos 11 el escritor publicó la breve lista de los fieles. Mira a todas estas personas de orígenes humildes a quienes Dios usó. Noé —que fue advertido de lo que estaba por venir— construyó un arca; luego Abraham, que fue llamado por Dios, y aunque tenía sus defectos, es conocido a lo largo de la historia por su fidelidad. Luego está Moisés: tenía ochenta años cuando Dios lo llamó, ¡y qué vida tan asombrosa vivió! Piensa en la prostituta Rahab, que dio la bienvenida a los espías que entraban en Jericó en paz y no desobedeció, y fue bendecida con ser una madre en el linaje de Jesús. Luego están David, Sansón, Gedeón y muchos otros.

Cuando te mires en el espejo, reflexiona sobre dónde has estado en tu vida, tu carácter personal, las cosas que has hecho por las que no te sientes digno, y recuerda esto: Es Dios Quien hace el llamado; Él es el que considera digna a una persona. Puede que no estés llamado al ministerio vocacional, pero todos estamos llamados a hacer el trabajo del ministerio. En Efesios 4, Pablo escribió: «Él mismo constituyó a unos como apóstoles; a otros, profetas; a otros, evangelistas; y a otros, pastores y maestros» (Ef 4:11).

Los pastores y maestros hacen el equipamiento, pero todos son llamados. Eso significa que cada cristiano está llamado a la obra del ministerio. Puede que no seas llamado a ser un evangelista que habla ante grandes multitudes o un pastor o un maestro, pero Dios te ha llamado a servir, a cuidar a los demás usando tus dones para el evangelismo diario. Si eres mujer, Dios puede estar llamándote a ser misionera o maestra; si eres hombre, Dios puede estar llamándote (como ha llamado a tantos otros) a predicar la Palabra y compartir las Buenas Nuevas de Jesucristo. Verás, ¡Dios puede usar a cualquiera, en cualquier lugar y en cualquier momento!

Transición

Dios llama a los predicadores para que cuenten su historia, lo que lleva a la pregunta: ¿Quién va a ser enviado por Dios para contar su historia?

Declaración 3: ¿Quién va a ser enviado por Dios para contar la historia?
Explicación

A lo largo de los siglos, Dios ha enviado hombres para contar su historia. Los enviados han sido tanto hombres temerosos como aquellos que incluso albergan odio hacia los que Dios tiene la intención de salvar. Una de esas personas fue Jonás. Dios lo llamó a predicar el arrepentimiento a los ciudadanos de Nínive. Jonás vivía en el reino del norte de Israel y, al igual que otros en su sociedad, tenía odio en su corazón por la gente de Nínive. Pero Dios eligió a Jonás, y como muchos de nosotros sabemos, Jonás se alejó, saltando a un barco para escapar de esta tarea. Cuando el barco estaba en medio del mar, se desató una tormenta mientras Jonás dormía adentro del barco. El capitán del barco despertó a Jonás y le pidió que invocara a Dios para detener la tormenta. De todas las cosas, Jonás convenció a los hombres de que lo arrojaran al mar para detener la tormenta, lo que sucedió milagrosamente, y Dios envió un pez grande que se tragó a Jonás. En su angustia mientras estaba en el vientre del pez, oró por la protección de Dios sobre su vida, y el pez arrojó a Jonás a tierra seca.

Fue allí, una vez más, donde Dios llamó a Jonás para predicar el mensaje de arrepentimiento a la gente de Nínive. Fue una caminata de tres días, y Jonás predicó y el pueblo se apartó del mal y adoró al Señor. Incluso después de que el rey y el pueblo de Nínive se arrepintieron y se apartaron de sus caminos, Jonás se molestó con Dios debido al odio hacia el pueblo de Nínive que persistía en su corazón. Jonás se fue furioso al calor del desierto y Dios creó una planta para darle sombra, e incluso entonces, Jonás tenía el mal en su corazón, esperando ver la desaparición de la ciudad. Dios hizo que la planta muriera, y Jonás se lamentó por la muerte de la planta. Fue entonces cuando Dios, en conversación con Jonás, hizo un punto muy fuerte con este profeta enojado. Dios comentó cómo Jonás se preocupaba tanto por una planta que crecía y moría en una noche, entonces, ¿cómo es que él, Dios el Padre, no debería preocuparse por las 120,000 personas en Nínive? ¡Qué historia y qué lección para ti y para mí en nuestra época!

¿Quiénes son las personas que le importan a Dios y que necesitan escuchar las palabras de un predicador? ¿A quién va a enviar Dios? Creo que hay alguien aquí hoy a quien Dios está llamando; tal vez ese alguien eres tú. Verás, ¡Dios puede usar a cualquiera, en cualquier lugar y en cualquier momento!

Ilustración

En los Estados Unidos, al mencionar las letras «IRS» o incluso al decir las palabras «Servicio de Impuestos Internos» todos tienen esa sensación incómoda, ya que tratar con este departamento del gobierno y pagar impuestos no es de lo más agradable. En los días de Jesús, el pueblo judío tenía un gran desdén por los recaudadores de impuestos. Estos últimos trabajaban para el gobierno romano, y recaudaban el tributo que se requería, y para pagarse a sí mismos agregaban lo que tú y yo llamaríamos «un impuesto adicional», o un impuesto sobre el impuesto. Muchos recaudadores de impuestos se hicieron muy ricos extorsionando a la gente, y eran tan desagradables que en muchos casos se distanciaron incluso de sus propias familias.

Un recaudador de impuestos no parecería ser el candidato más probable para ser admitido en el círculo íntimo de Jesús. Sin embargo, fue Mateo a quien Jesús le dijo las palabras: «¡Sígueme!». De inmediato Mateo se alejó de la cabina de peaje, dejando una vida de privilegios y riquezas para caminar con alguien que le proporcionaría riquezas eternas. Mateo era probablemente el más inteligente de los doce discípulos. Los expertos señalan que debido a su oficio como recaudador de impuestos, Mateo probablemente hablaba siete idiomas y, por supuesto, habría poseído perspicacia matemática. El punto es que Jesús puede llamar a cualquier persona de cualquier ámbito de la vida, desde cualquier lugar y en cualquier momento, para estar a su servicio. La pregunta en cuestión es esta:

¿Qué te está llamando Jesús a hacer? Verás, Dios puede usar a cualquiera, ¡y puede usarte a ti!

Desarrollo

Mirando la vida de Jonás y aquellos a quienes Dios está llamando para contar su historia; está claro que Dios tiene un propósito para la vida de cada creyente. Jonás en el vientre del pez confesó a Dios que la salvación pertenece al Señor, y cuando fue vomitado, cumplió su voto y rápidamente se dirigió a Nínive, proclamando a todos que invocaran al único Dios verdadero. Jonás fue el heraldo de su tiempo, mira a tu alrededor, ¿quién en medio de ti es el heraldo de nuestro tiempo? ¿Eres tú? Dios puede llamar a cualquiera, en cualquier lugar y en cualquier momento.

Aplicación

La aplicación para ti y para mí es darnos cuenta de que hay tres llamados. El primero es el llamado a la salvación. El segundo es el llamado a la santificación y al servicio. Y finalmente, el tercer llamado es al ministerio vocacional. Tal vez al examinar tu vida te des cuenta de que hoy es el día para poner tu plena confianza en Jesús como tu Señor y Salvador. Y al proclamar tu fe, puede haber otros dentro de tu esfera de relaciones que presencien tu confesión, y que también se vean afectados por tu testimonio y crean y confíen en Jesús.

Tal vez haya algunos de ustedes aquí que son como Jonás. Dios te ha estado llamando a servir y ministrar a otros, pero en lugar de dar un paso adelante, siempre ha parecido más fácil alejarse. Hoy puede ser el día en que te des cuenta de que Dios necesita tu talento y dones para ayudar a los demás. En el Sermón del Monte, Jesús enseñó que nadie enciende una lámpara y la pone debajo de una canasta, sino en un candelabro para alumbrar a todos en la casa. ¿Cómo puedes utilizar tus dones para ser una luz y compartir la historia del evangelio? Tal vez sea visitando a las personas que están en la cárcel o a las que están en los hogares de ancianos. Tal vez tengas un talento especial para ayudar a los jóvenes o niños pequeños. Tal vez tu talento esté ayudando a aconsejar a otros; tal vez sea para ayudar a alguien a arreglar su casa y, mientras lo haces, le puedes compartir la luz del amor de Jesús. Hay una cantidad inmensa de formas de servir y, todo el que es cristiano, es un ministro de Cristo. ¡Tienes un talento especial que puedes usar!

Hoy tal vez te des cuenta de que Dios te está llamando al ministerio vocacional. Es posible que lo sepas desde hace mucho tiempo y tengas este deseo interno de servir y compartir el evangelio. Tal vez hayas experimentado una conversación con otras personas que han compartido que ven algo especial en ti, pero no has puesto tu sí sobre la mesa. Tal vez has estado sirviendo como maestro, consejero o animador y has sentido que el Espíritu Santo se mueve dentro de tu alma. Podría ser que hayas estado orando por dirección y estés esperando un «empujón». Tal vez te sientes muy inquieto por lo que estás haciendo ahora y te das cuenta de que Dios tiene otros planes. Tal vez sea hora de recorrer un nuevo camino y descubrir un nuevo viaje. Dios tiene un plan para tu vida y no querrás perder tu llamado.

Transición a la conclusión

El mensaje ha dejado en claro que hay una historia que Dios quiere que todos escuchen, pero se necesita un predicador para contar la historia y anunciar el mensaje; y finalmente, el predicador debe ser enviado.

Conclusión/Invitación

Todos los hombres y mujeres mencionados hoy estaban de viaje: Noé, Abraham, Moisés, Rahab Jonás, Peter Ko, Reginald Taylor y Grant Gaines. Dios usó a los hombres de la antigüedad, y también a estos hombres vivos de hoy. Todavía está usando personas para contar su historia. Hay hombres y mujeres hoy en día entre nosotros a quienes Dios está usando, y Dios se está moviendo en sus corazones en este momento para servirle. Tal vez ese alguien eres tú. Tal vez eres un hombre que tiene la aspiración de servir en el ministerio vocacional, y te preguntas si Dios te está llamando. Tal vez eres una mujer que quiere dedicar su vida al servicio de Dios en el campo misionero, animando a otras mujeres o ayudando a niños y jóvenes de todas las edades a venir al conocimiento del salvador Jesús.

Tal vez eres pastor y sabes que debes ser más intencional para identificar hombres para el servicio. Tal vez eres diácono o líder en la iglesia y hay alguien a quien deberías animar; una persona que Dios ha puesto en tu corazón. Tal vez hay alguien conocido por todos aquí hoy que lucha con el llamado al ministerio; tiene un verdadero llamado, pero todo lo que necesita es recibir tus palabras de afirmación.

¿Eres padre de un niño que carece de confianza y siente que no hay forma de que pueda servir a Dios en el «alto cargo de pastor», pero tú ves algo especial que él no puede ver? ¡Hoy es el día para tener esa conversación! ¡Hoy es el día para actuar! Dios puede llamar a cualquier persona, de cualquier lugar y en cualquier momento... Y «cualquier momento» podría ser ahora mismo. ¡No te lo pierdas!

Si Dios te está llamando, hoy es el día para presentarte delante de Él. Si hay alguien que necesita tu afirmación, hoy es el día de comprometerte a hablar con esa persona. Si eres pastor y necesitas orar para que Dios bendiga tu árbol genealógico ministerial, hoy es el día. ¡No pierdas esta oportunidad! Fue Isaías quien escribió: «Y oí la voz del Señor que decía: ¿A quién enviaré, y quién irá por nosotros? Entonces respondí: Heme aquí; envíame a mí» (Is 6:8 LBLA).

Mensaje de llamado al ministerio II
2 Timoteo 1:2

Introducción

Hoy vamos a hablar sobre *enseñar a unos para que enseñen a otros*. Apuesto a que en cada familia representada aquí hoy hay muchos maestros excelentes. Déjenme explicarles. Mis abuelos por parte de mi madre fueron inmigrantes alemanes de segunda generación que se establecieron en el sur de Indiana. Mi bisabuela Mary Waldkoetter hacía los rollos de levadura más deliciosos; y un día le pasó la receta a mi abuela Lillian, quien más tarde fue propietaria y operó un restaurante famoso por sus pasteles y rollos de levadura. Mi madre Judy era profesora de economía doméstica pero a la vez hacía comida para banquetes, y era conocida por sus increíbles rollos de levadura. Yo soy el mayor de cinco, y mi hermana Marg, en particular, tiene la receta familiar de esos rollos al pie de la letra. ¡A ella nunca le salen mal! A mi nieta Ellie le encanta hornear con mi hermana, y hay una gran esperanza de que ella también continúe con la tradición familiar. Ella representaría cinco generaciones conocidas de panaderos.

Apuesto a que en su familia hay alguna habilidad especial que se ha transmitido de generación en generación. Hoy, vamos a hablar sobre compartir con otros una de las lecciones más importantes que existen. Cuanto digo «otros» me refiero a nuestros familiares, amigos, compañeros de trabajo e incluso completos extraños, y la «lección importante» es esa esperanza eterna que se encuentra en el mensaje del evangelio de Jesucristo.

Oración

Así que comencemos con una oración.

Querido Padre Celestial:

Este día pedimos que tu poder trabaje a través de nuestras vidas para alcanzar a los que tenemos cerca con el mensaje del evangelio de salvación. Oramos por diligencia para todos los que estamos aquí hoy, para ser audaces y no tener vergüenza de compartir el gozo que tenemos al saber que Jesucristo es nuestro Señor y Salvador. En el santísimo nombre de Jesús, oramos. Amén.

Texto bíblico

Nuestro texto de hoy es

> «Así que tú, hijo mío, fortalécete por la gracia que tenemos en Cristo Jesús. Lo que me has oído decir en presencia de muchos testigos, encomiéndalo a creyentes dignos de confianza, que a su vez estén capacitados para enseñar a otros» (2 Ti 2:1-2).

Idea textual

Pablo le escribió a Timoteo para que se fortaleciera en la gracia y en lo que había oído de él, para enseñar también a otros.

Proposición del sermón

Mi objetivo para ustedes hoy es que asuman su responsabilidad y se comprometan, como hacedores de discípulos, a identificar, alentar e invertir en hombres y mujeres capaces de compartir el mensaje del evangelio.

Necesidad

La necesidad es obvia, ya que nuestra cultura está asediando a nuestras familias. Todos los días vivimos de primera mano una guerra cultural de qué es lo correcto y qué no lo es. ¡En realidad es una guerra entre el cielo y el infierno! Ahora es el momento en el que se necesita que los creyentes asumamos nuestra posición para defender nuestra fe.

Interrogante

Entonces, la primera pregunta del día para usted es: ¿Cuál es su posición al compartir su fe? ¿Con quién ha compartido su fe en la última semana o mes? ¿A quiénes se compromete a enseñar para que ellos también enseñen a otros?

Declaración 1: Comprométase a ser fuerte en la gracia que se encuentra en Cristo
Explicación

Hoy vamos a explorar nuestro texto de 2 Timoteo 2:1-2. Esta es la segunda carta escrita a Timoteo y la última carta de Pablo. Muchos eruditos de la

Biblia afirman que esta carta es la última voluntad y testamento de Pablo. Durante el tiempo del primer encarcelamiento de Pablo, estaba bajo arresto domiciliario y libre para predicar. Sabemos esto por Hechos 28:31, donde Lucas escribió: «Predicaba el reino de Dios y enseñaba acerca del Señor Jesucristo sin impedimento y sin temor alguno».

Mientras Pablo escribía esta segunda carta a Timoteo, las cosas eran completamente opuestas a esa situación y dramáticamente diferentes para el apóstol, ya que entonces estaba en una celda de prisión romana. Seguramente estado encadenado, compartiendo su celda con otros, sin mucha luz y probablemente con una higiene muy básica. Habría sido una situación horrible. Además, Pablo sabía su destino, ya que el emperador Nerón estaba haciendo de las suyas. Nerón había quemado su propia ciudad, Roma, la capital del imperio, y había usado a los cristianos como chivo expiatorio. El apóstol Pablo, como líder del cristianismo, se enfrentaba a una muerte segura. Fue un momento en el que se apoyó absolutamente en su fe, abrazando plenamente la gracia del Señor Jesucristo para superar la difícil situación de su existencia diaria.

Afortunadamente esto nos proporciona algo del contexto para la segunda carta a Timoteo. Los temas principales de la carta tienen que ver con animar a Timoteo en las siguientes áreas: (1) a seguir a Jesús incluso cuando las cosas se pusieran difíciles, y (2) a aferrarse a la fe y la esperanza en la resurrección de Jesús. Pablo desafió a Timoteo a apegarse fuertemente a la sana doctrina y oponerse a la falsa enseñanza. Compartió que el sufrimiento era parte de la experiencia cristiana al apegarse a las Escrituras, y para que Timoteo reconociera que soportaría dificultades, pero también la importancia de la diligencia en el servicio. Y finalmente, Pablo le dijo a Timoteo que no importaba lo que sucediera en el mundo, porque Jesús es el que le da las fuerzas al creyente (2 Ti 4:17)

Entonces, ¿qué significa comprometerse a ser fuerte en la gracia que se encuentra en Cristo? Significa que, como creyente, usted debe encontrar la fuerza no en sí mismo, sino en el amor incondicional y la gracia que ofrece Jesucristo. Es un compromiso para dejar que la gracia lo guíe a través de los desafíos de la vida, para aceptar que es imperfecto pero amado, y para mostrar esa misma gracia a los demás. Es un viaje transformador, que se basa en la fe en lugar de la capacidad personal. Juan escribió: «De su plenitud todos recibimos gracia sobre gracia, pues la Ley fue dada por medio de Moisés, mientras que la gracia y la verdad nos han llegado por medio de Jesucristo» (Jn 1:16-17).

¡Me encanta este versículo! «Gracia sobre gracia» es un regalo constante y abundante para todos los que conocemos a Jesús. Recibimos ese regalo el día en que Jesús fue azotado, golpeado y crucificado en la cruz y que murió para cubrir el castigo por nuestros pecados. «Gracia sobre gracia» es abrazar plenamente el conocimiento de la salvación que nos liberó de la terrible situación de nuestro pecado. «Gracia sobre gracia» es amonestarnos a nosotros mismos para mostrar amor a los demás. Es amar a aquellos que nos han lastimado o traicionado y a aquellos cuyas acciones nos han causado daño. Es amar a nuestra familia cuando no queremos amarla; amar a nuestros compañeros de trabajo, amigos y vecinos cuando sentimos que nos maltratan. Es amar a nuestros enemigos y amar a nuestro prójimo como Jesús nos amó. Pablo escribió que la ley fue revelada por Moisés, mostrándonos nuestros pecados, pero nuestra verdadera redención ha sido provista a través del amor y la gracia de Jesucristo nuestro Salvador.

Permítanme compartir una historia de la vida real como un ejemplo del verdadero perdón, la redención y lo que significa «ser fuerte en la gracia».

Ilustración

Brus Murakami es un hombre que mostró una gracia notable, tanto que hicieron una película de Hallmark que muestra la historia de su familia. En 1998, la esposa de Brus, Cindy, y su hija de once años, Chelsy, habían ido a la tienda cuando sucedió algo trágico: un joven de diecinueve años llamado Justino Cabezas era corredor de carros callejero en Tampa, Florida, y se estrelló contra su minivan. La minivan explotó en llamas e hizo que todo pareciera un infierno.

Brus había visto el humo desde su casa e intuyó de dónde provenía. Era algo que él normalmente no hacía. Condujo hasta la escena del accidente, donde trágicamente fue testigo de la muerte de su esposa e hija. Él y sus dos hijos estaban profundamente afligidos. Brus gastó tres años y miles de dólares buscando justicia por la muerte de su esposa e hija. Finalmente, el tribunal acusó a Justino Cabezas de homicidio vehicular.

Fue entonces cuando Brus tuvo un gran cambio de opinión después de ver a Justino bajo una luz diferente por primera vez. Justino les recordó a sus hijos y, en lugar de ponerlo tras las rejas, Brus suplicó clemencia al juez en nombre del conductor que mató a su esposa e hija. En lugar de sentenciar a Justino a treinta años de prisión, le suplicó al juez un plan alternativo para que hiciera servicio comunitario — un tipo muy especial de servicio comunitario. Justino se uniría a Brus para viajar a las escuelas y dar charlas a grupos de estudiantes sobre la importancia de conducir de manera segura.

Desarrollo

En la historia que acabo de compartir, quiero que sepan que Brus era un cristiano fuerte; había leído su Biblia de principio a fin, era fiel y conocía a Jesús. Él —como la mayoría de nosotros si experimentáramos una tragedia así— al principio estaba muy enojado con Dios. Iba a sentarse a la playa todos los días para reflexionar, y poco a poco durante su tiempo de luto se convenció de que él sería la tercera víctima. Brus finalmente tomó su Biblia otra vez, y cuando leyó Lucas 6, decidió perdonar a Justino. Decidió ser fuerte en la gracia y confiar en el poder de Jesús en lugar de confiar en su propia fuerza y entendimiento.

La historia de Brus es una imagen perfecta de la verdad central del día de hoy. No hay forma en nuestra carne de que siempre podamos ser fuertes y hacer lo correcto sin el poder de Dios. Necesitamos apoyarnos en el Señor, en su Palabra que es su voluntad, y orar para que su poder nos ayude a mantenernos de pie. Esto no es siempre fácil. Gracias a Dios que la mayoría de nosotros no experimentaremos la tragedia que enfrentaron Brus Murakami y su familia, pero su historia nos muestra que debemos comprometernos a ser fuertes en la gracia.

Aplicación

Ser fuertes en la fe significa que, como cristianos, necesitamos más que solo aparentar ser uno; más bien, necesitamos *ser* uno. ¿Cómo se ve eso en la vida práctica? Significa que como creyentes realmente tenemos que practicar todas las disciplinas espirituales, o lo que Donald Whitney, profesor del Seminario del Medio Oeste y autor de un libro sobre disciplinas espirituales, llama «hábitos de devoción». Nos tomamos un tiempo todos los días para leer nuestra Biblia, nos tomamos un tiempo para orar solos y con otros, y trabajamos en memorizar la Palabra. A medida que memorizamos más y más la Palabra, esta se convertirá en parte de nosotros. También practicamos la piedad, confesamos nuestros pecados y pedimos perdón.

En nuestras relaciones con otros, compartimos la Palabra; y cuando tenemos dificultades, exhibimos nuestro mejor comportamiento y decidimos elegir el perdón. Elegimos practicar los rasgos caritativos —como Pablo escribió a los colosenses— de compasión, bondad, mansedumbre, humildad y paciencia con los demás. Cuando enfrentamos circunstancias y desafíos, caemos de rodillas y le pedimos al Espíritu Santo que haga su obra en nuestros corazones para que no nos conformemos al patrón del mundo, sino que seamos transformados por la renovación de nuestras mentes (Ro 12:2).

Pablo conocía y practicaba profundamente su fe y a la vez estaba profundamente arrepentido por sus pecados pasados. Al encontrarse con Jesús descubrió una nueva fe que no lo exentó de experimentar verdadero sufrimiento. Cuando predicó la verdad, los que la rechazaron intentaron hacerle daño y hasta matarlo. Fue apedreado, golpeado, azotado y juzgado; naufragó y enfrentó la pena de muerte física. Pero incluso a través de todas esas circunstancias, nunca perdió su fe, como le había escrito a Timoteo: «Así que tú, hijo mío, fortalécete por la gracia que tenemos en Cristo Jesús» (2 Ti 2:2).

Transición

Es importante recordar que Jesús es en Quien podemos confiar totalmente; sin importar qué estemos pasando, ya que Jesús es nuestro único tesoro verdadero y en Él podemos encontrar nuestra seguridad eterna.

Declaración 2: Comprométase a escuchar y estudiar la Palabra de Dios
Explicación

En Hechos 16:3, Pablo eligió a Timoteo. Fue una elección obvia porque Timoteo era activo en la iglesia y mostraba carácter y rasgos de liderazgo. Además había estudiado la Palabra desde una edad temprana. Al reflexionar sobre su vida, los eruditos saben que el padre de Timoteo era griego, es decir, gentil, de manera que tuvo que haber aprendido las Escrituras de su madre, que era judía. En el contexto de la tradición judía del primer siglo, un niño comenzaba su formación religiosa a los cinco años y continuaba hasta los doce o trece años de edad. Obviamente su madre y su abuela le proporcionaron la educación religiosa tradicional necesaria para ser parte de la sociedad judía. Estudiar y aprender la Palabra se tomaba muy en serio durante la época de Timoteo.

Ahora, en nuestros días, según Lifeway Research, solo alrededor del treinta y tres por ciento de los estadounidenses leen la Biblia al menos una vez a la semana, mientras que el cincuenta por ciento, o la mitad, de los estadounidenses leen algo de la Biblia solo dos veces al año. Por otro lado, en un estudio hecho por Lifeway en el 2019, el setenta y ocho por ciento de los pastores indicaron la necesidad de mejorar el discipulado en su iglesia. El papel del pastor es establecer el tono para el discipulado en su iglesia. No quiero condenar, pero ¿hay discipulado en su iglesia? En mi iglesia sí lo hay y la gente está creciendo tanto espiritualmente como en número.

El desafío es que las personas acepten la importancia de estudiar las Escrituras. La mejor manera de conocer la Palabra es estudiar junto con otros. Una buena recomendación es elegir a otras tres o cuatro personas y comprometerse a leer un plan bíblico juntos. Necesitamos alentar a todas las generaciones a leer la Biblia, desde la Generación Alfa hasta los *Baby Boomers*. Es mejor si el grupo está compuesto solo por hombres o solo por mujeres, y que se pidan cuentas mutuamente de leer la Biblia diariamente y memorizar las Escrituras. Necesitamos abrazar el adagio: «Debes sumergirte en la Palabra hasta que la Palabra se sumerja en ti».

Ilustración

Cuando estaba en la escuela secundaria en el sur de Indiana y en mis primeros años de universidad, tenía un deseo ardiente de cultivar. Trabajé un verano en una granja que producía verduras a gran escala y me despertaba a las 3:25 a.m. para llegar al campo a las 4:00 a.m. Me levanté temprano en la mañana todos los días de julio para recoger maíz dulce. Caminábamos por hileras de maíz húmedo y cargado de rocío. Pero un día me di cuenta de que esto realmente no era divertido para mí.

El verano siguiente, trabajé con Fred y Philip Pottschmidt. Conducía tractores, plantábamos maíz y recogíamos heno, paja y ensilaje. Fred tenía ochenta cabezas de ganado y un corral de doscientas cabezas para engorda, así que aprendí mucho sobre ganado. Me suscribí a las revistas *Successful Farming* (Agricultura Exitosa) y *Drovers Journal* (Diario del Vaquero). Me sumergí en el aprendizaje de las últimas prácticas culturales para aumentar el rendimiento de los cultivos y criar ganado. Aprendí de forma autodidacta y tomé una clase adicional con agricultores para aprender sobre análisis técnico en mercadotecnia. Graficaba los mercados diariamente, incluidos los precios al alta, los precios a la baja y los cierres del día para las transacciones futuras. Al hacer esto, un día le mostré a Fred que había un cambio drástico en los gráficos. En el análisis técnico eso es señal de que el mercado va a cambiar. El gráfico mostraba que el precio del ganado estaba en la cima, al máximo del mercado. Se lo mostré a Fred, y él llevó dos camiones de ganado al mercado en Louisville y se los pagaron al precio más alto. ¡Él estaba tan Feliz! Y yo nunca había estado más orgulloso.

El punto de compartir todo esto es que cuando se trata de algo que nos gusta o de algo en lo que tenemos interés, ¡hacemos todo lo posible por aprender! De la misma manera, para crecer espiritualmente y acercarnos a Dios, es vital profundizar en la Palabra. A medida que estudiamos con otros, seremos transformados y descubriremos un cambio clave en nuestras propias vidas.

Desarrollo

A medida que nos comprometemos a escuchar y estudiar la Palabra de Dios, comenzamos a crecer no solo en el conocimiento de nuestro Dios —Padre, Hijo y Espíritu Santo—, sino que comenzamos a crecer en nuestra fe. Este conocimiento es como una semilla que comienza a crecer dentro de nosotros; nos hace querer leer, estudiar, aprender y compartir con los demás. Esta sed de conocer más de Dios se convierte en hambre, y escuchamos a una mayor variedad de personas que comparten la Palabra de Dios. Pablo eligió a Timoteo como su discípulo porque fue testigo de su deseo de aprender, su deseo de crecer, y tal vez notó un poco de sí mismo en él, incluida su tenacidad.

Mientras Pablo, Silas y Timoteo navegaban por el mar Egeo, ¿te imaginas su entusiasmo por compartir el evangelio? ¿Y te imaginas sus conversaciones mientras viajaban por los senderos tan desgastados? Timoteo habría sido como una esponja escuchando las ideas y lecciones de Pablo sobre las Escrituras. Si avanzamos un poco, aprenderemos de la tenacidad de Timoteo en Hebreos 13:23, cuando el escritor reveló que Timoteo había sido encarcelado: «Quiero que sepan que nuestro hermano Timoteo ha sido puesto en libertad. Si llega pronto, iré con él a verlos». Al igual que Pablo, Timoteo fue inflexible en su fe. Es evidente que Timoteo tomó en serio las palabras de esta segunda carta que Pablo le envió para comprometerse a escuchar y estudiar la Palabra de Dios. Y eso es un recordatorio para todos nosotros.

Aplicación

La aplicación para usted y para mí es muy clara: debemos aprovechar cada oportunidad para escuchar la Palabra de Dios. ¡Necesitamos convertirlo en una prioridad! La prioridad es que necesitamos hacer que la asistencia semanal a la adoración corporativa no sea negociable. Necesitamos escuchar y estudiar más allá de una hora el domingo por la mañana.

En estos tiempos tenemos múltiples recursos disponibles a nuestro alcance. La tecnología nos permite escuchar el mensaje de Dios de muchas maneras presionando un par de botones. Solo piense en todas las opciones para crecer en el conocimiento de Dios. Podemos presentarnos en la iglesia, escuchar en una variedad de plataformas de redes sociales, encender nuestra televisión o escuchar en la radio, leer nuestras Biblias o tomar un libro o revista cristiana y comenzar a leer.

Quiero animarlo, si aún no lo ha hecho, a unirse a un «Grupo D», es decir, un grupo de discipulado, y elegir un plan de lectura de la Biblia y reunirse semanalmente de manera constante. Tómese el tiempo para estudiar la Palabra en su hogar con su familia y ore con ellos. Si está casado, ore diariamente con su esposa. Hay una variedad ilimitada de estudios y recursos disponibles hoy para cada uno de nosotros; no hay excusas por las que no podamos comprometernos a escuchar y estudiar la Palabra de Dios.

Piense en esto: para aquellos que hacemos una prioridad caminar o correr todos los días, o ir al gimnasio varias veces a la semana, después de un período de tiempo comienza a ver resultados. Cuanto más estudie y escuche la Palabra de Dios, cuanto más tiempo se tome para orar y meditar en su Palabra, más probable es que comience a ver crecer su fe, crecer en su vida de oración, así como cambiar sus pensamientos y palabras. Afectará la forma en que se relaciona con los demás, y comenzará a pensar más en las cosas de Dios en lugar de las del hombre. Comenzará a experimentar un nuevo gozo que se encuentra al comprender verdaderamente el amor de Jesús en su corazón mientras se compromete a escuchar y estudiar la Palabra.

Transición

Pablo eligió a Timoteo porque estaba cimentado en su fe y porque Timoteo sabía que conocer a Dios y estudiar su Palabra le permitiría enseñar a otros también.

Declaración 3: Comprométase con hombres fieles que enseñen a los demás
Explicación

Al reflexionar sobre Hechos 16, vemos que Timoteo comenzó un nuevo capítulo en su vida cuando Pablo vio en él los rasgos esenciales para propagar el mensaje del evangelio. Timoteo poseía la disposición y el temperamento necesarios, y esto se observa por primera vez en su disposición a ser circuncidado para ser más aceptado por aquellos con antecedentes judíos. Esto fue definitivamente una señal de su fidelidad. La lección que debemos aprender es que Dios solo da asignaciones cuando tenemos el carácter para llevarlas a cabo.

Los ancianos de las iglesias de Listra y Derbe conocían el carácter de Timoteo, y Dios en su tiempo eligió el siguiente paso en el viaje espiritual de Timoteo. Pablo lo ordenó al servicio, como se indica en 1 Timoteo 4:14. Así como Pablo eligió a Timoteo por su fidelidad, lo eligió también por su disposición a aprender y a desarrollar su capacidad de enseñar. Timoteo aceptó voluntariamente muchos roles ministeriales que involucraban enseñar a otros, incluido seguir a Pablo para servir como pastor en algunos lugares bastante difíciles, sobre todo en las ciudades de Corinto y Éfeso, que no eran necesariamente los lugares más amigables para los cristianos.

Veintiún siglos después, la importancia de encontrar hombres fieles para pastorear y enseñar a otros sigue siendo primordial. Hay similitud entre el pasado y la actualidad. En los días de Pablo, la iglesia primitiva apenas comenzaba a echar raíces y la mayor parte del mundo sabía poco de Jesús. Ahora, en nuestros días, vivimos en una época de cristianismo posmoderno. Ahora es un tiempo en el que cada persona que proclama a Jesús como los del primer siglo es un misionero. Somos misioneros tan pronto como salimos de la casa o tal vez dentro de nuestros propios hogares.

En las Escrituras hay una lista de treinta y un colaboradores que ayudaron al apóstol Pablo. Siempre estaba buscando hombres y mujeres fieles para ayudar a propagar el mensaje del evangelio al mundo. Pudo reclutar a estos individuos para llegar al mundo grecorromano. Al mismo tiempo, los discípulos que caminaban con Jesús estaban alcanzando a judíos y gentiles en Israel y Samaria. Juntos como compañeros de trabajo compartieron el evangelio y «voltearon el mundo al revés». Hicieron todo esto sin los métodos y medios modernos que tenemos hoy.

Ilustración

Cuando era niño, entregaba el *Louisville Courier Journal* (Diario El Mensajero de Louisville) en mi ciudad natal. Me levantaba en la madrugada —oscuro en invierno y más claro en verano— para prepararme y hacer mi viaje diario por la ciudad en bicicleta. El gerente de circulación decidió elegirme porque mi papá lo convenció de que haría un buen trabajo y era responsable. Eso sí, solo tenía diez años. El trabajo del gerente de circulación era conseguir la ayuda de los repartidores de periódicos en todo el sur de Indiana. No fui el único que entregó las noticias diarias y los mensajes contenidos en esos periódicos. Se requería todo un cuerpo de personas jóvenes y mayores en las que se pudiera confiar para seguir adelante todos los días en múltiples ciudades y pueblos, tanto grandes como pequeños. Al gerente de circulación se le encomendó enseñar a otros, y mi trabajo era seguir adelante.

Desarrollo

De la misma manera, Pablo le confió a Timoteo el compartir las buenas nuevas, y Timoteo debía encontrar a otros hombres que pudieran hacer lo mismo. Esto ha continuado durante generaciones. Al igual que en mi historia inicial de las generaciones de panaderos en mi familia, para mantener la tradición, el conocimiento tiene que transmitirse a otro para que haga lo mismo. Del mismo modo, es imperativo hallar hombres fieles que enseñen a otros a perpetuar la entrega de las buenas nuevas. Jesús tuvo muchas personas que lo siguieron. Estos seguidores lo observaron y aprendieron de Él. Jesús escogió a los que eran enseñables y a los que serían capaces de compartir el evangelio con el mundo.

Aprendemos esto de Lucas 6:

> *Por aquel tiempo se fue Jesús a la montaña a orar y pasó toda la noche en oración a Dios. Al llegar la mañana, llamó a sus discípulos y escogió a doce de ellos, a los que nombró apóstoles: Simón (a quien llamó Pedro), su hermano Andrés, Santiago, Juan, Felipe, Bartolomé, Mateo, Tomás, Santiago, hijo de Alfeo, Simón, al que llamaban el Zelote, Judas, hijo de Santiago, y Judas, Iscariote, que llegó a ser el traidor. (Lucas 6:12-16)*

Aplicación

En el 2025, la edad promedio de un pastor en los Estados Unidos es de sesenta y un años.[43] Por otro lado, hay literalmente miles de personas en los condados de Estados Unidos que no asisten a la iglesia y que no conocen a Jesús. Al contemplar nuestra cultura y los problemas presentes, es evidente que vivimos en un mundo casi ciego a Cristo. Es por esta razón que necesitamos un avivamiento del discipulado en nuestras iglesias.

También es importante que nuestros pastores identifiquen a hombres en su medio que puedan ser desarrollados y asesorados para asumir roles de liderazgo en la iglesia. Jesús desarrolló a sus discípulos antes de seleccionar a los doce. De la misma manera, los pastores deben considerar a hombres con los cuales puedan caminar para ser enseñados y que así estén calificados para enseñar a otros.

Mi mentor y colega del ministerio, Tim LaFleur, comparte el siguiente modelo como el modelo perfecto presentado por Jesús para el discipulado:

- Jesús lo hizo, y los discípulos observaron.
- Jesús lo hizo, y los discípulos ayudaron.
- Los discípulos lo hicieron, y Jesús asistió.
- Los discípulos lo hicieron, y Jesús observó.

---

[43] Barna Group, *The State of Pastors: How Today's Faith Leaders Are Navigating Life and Leadership in an Age of Complexity* [El estado de los pastores: Cómo los líderes espirituales de hoy navegan por la vida y el liderazgo en una era de complejidad], 2015, https://www.barna.com/stateofpastors/.

Jesús modeló la obra del ministerio para que la siguieran sus discípulos. ¡Debemos hacer lo mismo hoy!

Al mirar nuestras congregaciones y evaluar a los hombres entre nosotros, sin importar sus edades —algunos adolescentes o jóvenes en sus veinte, tal vez en sus treinta o cuarenta, o tal vez mayores en sus cincuenta y sesenta—, debemos darnos cuenta de que Dios tiene un lugar para ellos. Tiene un lugar donde pueden decirle sí a Dios. Mi oración es que los pastores caminen con estos hombres para ayudarlos a crecer hacia la madurez espiritual. Oro para que nuestros pastores sean audaces y tengan conversaciones con estos hombres que empiecen con un «Veo en ti». Estas conversaciones pueden sonar así: «Veo en ti una capacidad para conectarte con los demás, un deseo interno de servir y cuidar a las personas, y un hambre real de profundizar en tu relación con el Señor». Al tener estas conversaciones, es importante animar a estos hombres a buscar a Dios en oración y pedir que se haga su voluntad. También es importante que los pastores brinden oportunidades para que estos hombres caminen junto a ellos, como lo hizo Jesús, para que puedan crecer y madurar. A estos hombres se les deben brindar oportunidades para servir, enseñar e incluso predicar para determinar si Dios los está llamando.

Hay mucho debate en la iglesia sobre el papel de las mujeres en el ministerio y si están llamadas al oficio de pastoras. Dios tiene un llamado para las mujeres. Llama a las mujeres a enseñar a otras mujeres, jóvenes y niños para ayudarlos a crecer, así como a apoyar y elevar a los hombres de sus familias. También es importante que el pastor y los líderes de la iglesia tengan conversaciones para elevar a estas mujeres y brindarles una oportunidad de servicio. Es seguro que las mujeres desempeñaron un papel integral en la iglesia primitiva al observar los roles de Priscila, Febe y Lidia.

Hoy, lo invito a mirar a su alrededor. ¿Quién cree que tiene las cualidades para el servicio, un corazón sincero y el deseo de compartir a Jesús con los demás? ¡Quizás sea usted mismo! ¿Tiene la aspiración de dar un paso adelante y servir a los demás? ¿Tiene el deseo de enseñar y cuidar a los demás? ¿Está el evangelismo en su sangre y no puede evitar querer compartir a Jesús con el mundo?

Como iglesia afirmamos el llamado de los hombres al ministerio. ¿Hay alguien en quien usted puede pensar hoy que tal vez necesite su afirmación? Puede que no estén listos para pastorear o predicar hoy, pero puede que solo necesiten saber que usted ve «algo» en ellos, es decir, las cualidades necesarias para el servicio. Dos preguntas: ¿Quién es esa persona? Y, ¿se animaría a tener una conversación que inicie con un «Veo en ti» con ellos? Y si tienen una aspiración de ministerio vocacional, ¿está dispuesto a inculcarles la necesidad de discernir que tal vez están llamados? Quizás esa persona que tiene una aspiración para el ministerio vocacional es usted... o eres tú. Quiero animarlos a dar un primer paso y hablar con su pastor sobre lo que Dios ha puesto en su corazón.

Transición a la conclusión

Timoteo dio un sólido ejemplo de ser fuerte en la gracia y dedicado al estudio de la Palabra, y tomó la antorcha para reclutar a hombres fieles para enseñar a otros. Su ejemplo y el ejemplo de Pablo es nuestro modelo para hoy. Y todos debemos comprometernos como individuos y como iglesia a seguir adelante para garantizar que la antorcha continúe pasándose.

Conclusión/Invitación

La tradición dice que Timoteo fue martirizado en Éfeso cuando tenía más de ochenta años. No hay una explicación clara de cómo murió exactamente Timoteo; sin embargo, según varias explicaciones en línea, se escribió en el apócrifo de los Hechos de Timoteo que intentó poner fin a un festival pagano para honrar a un tal Dionisio en el que los participantes se vestían con disfraces, máscaras y participaban en la inmoralidad sexual y el asesinato. Se registró que Timoteo los exhortó diciendo: «Hombres de Éfeso, no se vuelvan locos por los ídolos, sino reconozcan al que verdaderamente es Dios». En lugar de escuchar a Timoteo, los juerguistas lo atacaron y lo golpearon. Cuando Timoteo todavía estaba vivo, algunos hermanos cristianos lo separaron de la turba y, cuando murió, lo enterraron en un lugar llamado Pión en Éfeso.[44] Al igual que Pablo, Timoteo dedicado al servicio, peleó la buena batalla y terminó bien la carrera.

Si usted siente que Dios está trabajando en su corazón y que lo está llamando a servirle en el ministerio vocacional, anímese a presentarse delante de Dios. Si siente un impulso en su corazón para compartir a

---

[44] Got Questions, «How did Timothy die?» [¿Cómo murió Timoteo?], consultado el 6 de agosto de 2023, https://www.gotquestions.org/how-did-Timothy-die.htm.

Jesús con aquellos que realmente no lo conocen y quiere averiguar cuál es el siguiente paso, por favor acérquese a Él.

Timoteo era un joven de unos veinte años. Tal vez tú eres más joven, quizás estás en tu adolescencia. Dios ha llamado a muchos adolescentes. Mira a los doce discípulos; casi todos eran muy jóvenes, excepto Pedro. Tal vez usted sea mayor y sienta que puede haber perdido su tiempo de llamado. Puede estar seguro de que, como persona mayor, Dios puede usarlo. Dios llamó a Moisés cuando tenía ochenta años, así que no permita que su edad le detenga. Es posible que el Señor haya obrado en su vida todo este tiempo para prepararle para ese momento. Él le ha estado moldeando y moldeando y ahora es el momento; está esperando que usted se presente delante de Él.

Tal vez usted es mujer y siente que Dios está trabajando en su vida para servir en el ministerio de mujeres, misiones o compartir a Jesús con los jóvenes; si es así, por favor preséntese delante del Señor. Tal vez a usted Dios no le está llamando al ministerio, pero siente que el Espíritu Santo ha estado trabajando en su corazón para tener una conversación de «Veo en ti» con alguien. Si es así, entonces hoy puede ser el día para hacerlo. Acérquese al altar y ore por valentía.

Dios está obrando; siempre está trabajando, y está trabajando hoy en esta iglesia. No te lo pierdas. Si realmente sientes que Dios ha estado trabajando en tu corazón para dar un paso, da ese paso hacia adelante hoy. Al igual que Pablo y Timoteo, pelea la buena batalla y termina bien la carrera.

Consideraciones finales

A lo largo de este libro hemos proporcionado razones para la importancia de enfocarse en el llamado al ministerio. Hay una gran urgencia dentro de la iglesia para levantar hombres como líderes e identificar a aquellos hombres con un sentido de llamado para ayudarlos con los próximos pasos. El llamado al ministerio es muy diferente a elegir una ocupación en un campo secular donde uno desea trabajar. Requiere un llamado sobrenatural de Dios cuando el Espíritu Santo obra dentro de un hombre para proporcionar un deseo ardiente de predicar la Palabra. Nuestra esperanza es que la información contenida en estas páginas haya sido beneficiosa tanto para los pastores como para aquellos que están en el proceso de discernir el llamado al ministerio.

Alentamos a los pastores a ser intencionales en desarrollar capacitación de liderazgo para levantar a la próxima generación de líderes. Es esencial crear un plan de discipulado formalizado y proporcionar un marco para que tanto hombres como mujeres en la iglesia crezcan en su fe y refuercen la fe de otros dentro de su congregación. Hay muchas vías para que esto suceda. Sugerimos un formato de creación de grupos de discipulado del mismo sexo de tamaño pequeño que consistan de tres o cuatro personas, que sigan un plan de lectura de la Biblia y se reúnan de manera regular. Esta acción creará un ritmo habitual para que tanto hombres como mujeres lean la Biblia y para que los discípulos se ayuden mutuamente para crecer en su fe mientras brindan un lugar seguro para compartir desafíos y oportunidades. El beneficio adicional es que a medida que los participantes crezcan en su fe, también lo hace su capacidad para discipular a otros promoviendo el crecimiento espiritual dentro de la iglesia y la comunidad.

Es esencial que los pastores consideren a quién pueden entrenar para que sea su reemplazo, involucrando a los hombres para que crezcan como líderes espirituales. Algunos de estos hombres aprenderán que no están llamados a ser líderes del ministerio vocacional; otros descubrirán que la atracción de Dios es tan fuerte que es innegable. Es importante darse cuenta del beneficio positivo de ambos resultados. Creemos firmemente que el proceso de grupos pequeños de reunirse regularmente con hombres considerando el llamado es invaluable. El proceso proporciona una fortaleza para que los hombres compartan y crezcan en su fe.

Los alentamos a trabajar junto con otros pastores o líderes de asociaciones para crear un ambiente más sólido. Si existe un grupo más grande de hombres que se reúna, se promoverá la interacción y una experiencia enriquecedora. Nuestra recomendación es que lleven un libro de liderazgo o discipulado para que los participantes lo lean cada semana y discutan los principios, oren el uno por el otro y hagan preguntas a los pastores participantes relacionadas con el proceso del llamado. También sugerimos que los hombres preparen y presenten un mensaje expositivo basado en una Escritura tomada de una de las Epístolas Pastorales. Esto crea un entorno sinérgico y crea oportunidades de crecimiento tanto para el aprendiz como para el mentor.

Estamos agradecidos de que te hayas tomado el tiempo para leer este libro y queremos alentarte a compartirlo con otros para promover la importancia del discipulado, el liderazgo pastoral y la importancia de *llamar a los llamados*. Finalmente, queremos alentarte a hacer tu parte, ya sea que eres llamado al ministerio vocacional o a otros roles ministeriales, para cumplir la Gran Comisión y hacer discípulos de todas las naciones, comenzando con tu hogar, tu iglesia y tu comunidad.

Sus compañeros en la comunión del mensaje del evangelio:
Rob Millman y Tim LaFleur

Apéndices

Apéndice 1
Estructura para asesorar a los líderes

Estructura para un Grupo Irreprensible

Como mencioné anteriormente, sugerí que lo que alguien debería hacer, mientras discierne el llamado de Dios en sus vidas, es ser parte de lo que yo llamo un «Grupo Irreprensible». Este grupo está formado por hombres que reconocen que Dios está obrando en sus vidas y están tratando de averiguar a qué los está llamando y qué pasos de fe deben dar. Creemos que este entorno grupal puede convertirse en un lugar seguro para compartir lo que creen que Dios está haciendo en sus vidas y obtener comentarios a medida que disciernen sus próximos pasos. Aquí hay un marco para los grupos que usamos.

Conversación intencional

A medida que lleguen los participantes del grupo, comience un tiempo de conversación intencional. Los hombres pueden compartir sus altibajos (las cosas «buenas» y «malas» que hayan pasado) con sus familias, trabajos y relaciones. Es un momento para ponerse al día desde la última vez que se reunieron.

Estudio de las Escrituras

Después de un tiempo de conversación intencional, pídele a alguien que dirija una breve oración. A continuación, recomiendo que estudien la Palabra de Dios, comenzando con las Epístolas Pastorales. Dile al grupo que tomarás la primera sección de la Escritura que haya escogido, y luego asigna a otros en el grupo las siguientes secciones.

La razón por la que tomo la primera Escritura es para modelar ante el grupo cómo hacer un estudio bíblico inductivo. Un principio que aprendí hace años es: «No puedes esperar lo que no demuestras». No solo es importante demostrar cómo hacer un estudio bíblico inductivo, sino que debes enseñarles cómo hacerlo, porque es posible que nunca lo hayan hecho. Además, será fundamental para ayudarlos a construir un sermón. (Esto es algo que le enseño a mi grupo después de que aprenden a hacer un estudio bíblico inductivo).

Estudio de libros

Después de su estudio de las Escrituras, dediquen tiempo para leer un libro sobre el ministerio o el liderazgo de la iglesia. Llévalos a leer libros que hayan impactado tu vida y ministerio. Por lo general yo les pido a los que están en mi grupo ellos sean los que lean. Esto nos permite revisar un capítulo por semana y tomarnos nuestro tiempo para «exprimir» cada pedacito de verdad. Recuerda señalar que, aunque la Biblia es *esencial*, otros libros pueden ser *útiles*.

«Líder emergente en el centro»

La siguiente parte de la reunión es opcional. Es lo que se conoce como «Líder emergente en el centro». A medida que el grupo se hace más cercano, esta puede ser una herramienta eficaz para que los miembros del grupo compartan con qué están luchando (trabajo, familia, pasos a seguir, decisiones, etc.) y obtengan información valiosa y comentarios del resto del grupo. Dependiendo del tamaño del grupo, utilice esta herramienta cada semana o cada dos semanas.

Oren unos por otros

Cierren la reunión orando unos por otros. Tómense el tiempo para compartir peticiones de oración centradas en el evangelio y luego oren unos por otros.

Apéndice 2

Trabajo en conjunto con tu asociación

(Escrito como una herramienta para los estrategas de misiones de la asociación)

¿Por qué es necesario tener un Grupo Irreprensible en tu iglesia?

Como pastor ocupado con sus muchos roles y responsabilidades, un área en la que nos gustaría apoyarte es ayudando a los hombres que pueden tener una aspiración para el ministerio vocacional a asumir mayores roles de liderazgo en su iglesia. Tal vez tengan un llamado o al menos una aspiración real de servir en el ministerio vocacional y necesiten un lugar confiable para crecer. ¡Queremos ayudar!

En primer lugar, queremos animarte a levantar hombres para que sean líderes en tu iglesia, aquí hay algunas preguntas.

¿A quiénes identificas como líderes emergentes en su iglesia? ¿Tienes un plan para ayudar a un líder emergente a discernir el llamado al ministerio? ¡Nosotros sí!

Permítenos ayudarte a guiar a los líderes emergentes en tu iglesia que puedan tener un sentido de llamado al ministerio. Hay varias buenas razones para que nos dejes ayudarte.

Un lugar para el crecimiento compartido

Primero, un Grupo Irreprensible brinda la oportunidad para que hombres de ideas afines se reúnan regularmente y compartan su corazón para el ministerio. Estos hombres pueden establecer una red de contactos entre sí y compartir ideas en un entorno cómodo.

Oportunidad de aprender desde perspectivas variadas

En segundo lugar, se anima a los pastores dentro de la asociación a participar para compartir sus testimonios y animar a estos hombres. Esto brinda una oportunidad para que los pastores vean de primera mano el concepto de los Grupos Irreprensible y compartan sus historias de llamado al ministerio con líderes emergentes. También proporciona una comprensión del alcance más amplio que puede tener nuestra iglesia colectivamente dentro de nuestra asociación.

Un plan formal

En tercer lugar, este proceso proporciona una plataforma donde se fomenta el crecimiento espiritual a través de la lectura del trabajo escrito de autores confiables para discutir en un ambiente controlado. También brinda una oportunidad para que los hombres aprendan a desarrollar mensajes expositivos para otros participantes en un entorno seguro.

Ánimo para los siguientes pasos

El Grupo Irreprensible anima a los hombres a dar los siguientes pasos. Esos pasos pueden ser dirigir un grupo de discipulado, un grupo pequeño, una clase bíblica dominical, participar en un viaje misionero, tal vez predicar un domingo por la noche (o en otra reunión) o participar en un entrenamiento formal de seminario.

¿Por qué es necesario fomentar la participación dentro de una asociación de iglesias?

Participar a nivel asociativo es bueno por muchas razones. Primero, es un buen lugar para educar a los hombres sobre la verdadera falta del mensaje del evangelio en nuestros propios patios traseros. Hay miles de personas en todas las áreas que necesitan el mensaje del evangelio. Tenemos una red de iglesias que colaborando juntas pueden fortalecerse y trabajar de manera más efectiva como una fuerza real que se expande para el bien de nuestra comunidad. Como se mencionó anteriormente, Pablo tenía treinta y un colaboradores que compartían el evangelio. Juntos podemos hacer mucho más para dejar huella en nuestra área y ampliar y desarrollar una mentalidad madura del reino. Elegir trabajar a nivel de asociación fortalece a la iglesia en general en nuestra área a medida que sembramos semillas y Dios provee la cosecha.

La ventaja de crear un grupo para su asociación es cimentar las relaciones entre las iglesias en su área geográfica, tanto las congregaciones más grandes como las más pequeñas

Apéndice 3

Encuesta de mentoría para líderes emergentes

En enero de 2024, mientras presentaba una sesión de trabajo en la Cumbre de Liderazgo del Medio Oeste celebrada en Springfield, Illinois, 112 personas completaron una encuesta y nos gustaría compartir los resultados. Aunque esta es una pequeña muestra, de hablar con pastores en otras conferencias, esto es indicativo del sentimiento de los líderes ministeriales. La conclusión más importante es que el 62.5 % de los líderes ministeriales indican que no tienen un proceso formalizado para guiar a los líderes en su iglesia. Lo positivo es que el 90.2 % de los encuestados estaban dispuestos a trabajar con líderes de la iglesia dentro de su región geográfica o asociación para guiar y discipular a los líderes. Es por eso que creemos que es importante que las iglesias, tanto grandes como de tamaño promedio, cooperen juntas para guiar a los líderes emergentes.

Preguntas de la encuesta	Sí	No	Sin respuesta
¿Ofrecen mentoría para los hombres en su iglesia?	59.8 %	29.5 %	1.8 %
¿Está usted activamente formando líderes en su iglesia?	72.3 %	27.7 %	-
¿Tiene usted un proceso formal por medio del cual ellos pueden participar en su iglesia local o dentro de su asociación de iglesias?	37.5 %	62.5 %	-
¿Tienen en su iglesia una cultura donde los hombres se sientan cómodos para explorar su llamado al ministerio?	72.3 %	25.9 %	1.8 %
¿Estaría dispuesto a colaborar en un proceso donde se ofrezca (a través de su asociación o de un grupo de líderes de diferentes iglesias en su área geográfica) mentoría o discipulado para que los hombres sepan cuáles son los siguientes pasos a seguir?	90.2 %	8.0 %	1.8 %
¿Es importante para su iglesia crear una cultura donde los hombres se puedan desarrollar como líderes?	98.2 %	0.9 %	0.9 %
¿Están en el presente algunos hombres de su iglesia yendo al seminario?	41.1 %	58.9 %	-

Apéndice 4
Recursos impresos del llamado al ministerio

El camino para ser pastor, de Bobby Jamieson

Este libro de Bobby Jamieson es excelente para un hombre con la aspiración de involucrarse en el ministerio vocacional. En él, Jamieson explica por qué es mejor enfatizar la «aspiración» que el «llamado» cuando los hombres persiguen el oficio de anciano y alienta a los lectores a asegurarse de que estén dotados pastoralmente antes de considerar el papel. Comparte su propia experiencia de once años preparándose para ser pastor y guiando a los líderes potenciales a través de diferentes etapas de la capacitación ministerial, desde pasos prácticos —como cultivar la ambición y el liderazgo piadosos, observar iglesias saludables y dominar las Escrituras— hasta consejos personales sobre cómo construir una familia fuerte y tener éxito en el seminario. Enfatizando la importancia de la oración, el consejo piadoso y la inmersión en la iglesia local, Jamieson anima a los hombres a preguntarse «¿Estoy calificado?» en lugar de «¿Soy llamado?» al considerar una vida en el ministerio.

Calling out the Called (Llamado a los llamados), de Scott Pace y Shane Pruitt

Este es un gran libro (solo en inglés), especialmente para un joven que está considerando dedicar su vida al ministerio. Los temas tratados incluyen la lucha contra el llamado, permanecer en Cristo, amar las Escrituras, la importancia de la oración, amar a la iglesia, confiar en el Espíritu Santo, servir a los demás, equilibrar la vida familiar, perseverar en el ministerio y la preparación. El libro también comienza con un encargo a los pastores para que extiendan invitaciones, compartan testimonios, brinden oportunidades para involucrar a las personas en el ministerio y sean intencionales en la capacitación de líderes emergentes.

Dios, ¿me estás llamando?, de Jeff Iorg

Este libro está escrito para un público estudiantil y de adultos jóvenes, aunque es aplicable a todas las edades. El autor explora la pregunta fundamental que debe responder cualquiera que esté considerando ingresar al liderazgo ministerial: «Dios, ¿me estás llamando?».

Discerning Your Call to Ministry (Cómo discernir su llamado al ministerio), de Jason K. Allen

En el prefacio de este libro en inglés, el autor comparte su viaje personal de resistencia a Dios y a la iglesia cuando era joven hasta que entregó su vida a Cristo en la universidad. Luego luchó con un llamado al ministerio. En este libro escribe de una manera muy íntima, discutiendo los temas pesados del llamado: ¿Deseas el ministerio, el carácter, tener tu casa personal en orden, tus dones, la afirmación de tu iglesia, amar a las personas, la pasión personal por el evangelio y la Gran Comisión, lo que significa estar involucrado en un ministerio fructífero y defender la fe? Finalmente, ¿estás dispuesto a rendirte verdaderamente al llamado de Dios?

¿Soy llamado?, de Dave Harvey

Dave Harvey ha sido pastor durante más de treinta años. En este libro es muy directo sobre los requisitos para seguir a Cristo. Él divide el texto en tres secciones: la primera sección aborda su llamado a convertirse en un seguidor de Cristo, luego su llamado dentro de la iglesia; la segunda sección proporciona al lector una introspección del carácter piadoso, la vida hogareña, la capacidad de predicar, el pastoreo del rebaño bajo su cuidado, el evangelismo y el llamado al ministerio; la parte final es para que todos los pastores consideren la paciencia y la actitud correcta para el servicio y el sacrificio, dándose cuenta de que como obreros de Dios siempre estamos creciendo.

Apéndice 5

Acerca del ministerio «Follow the Call» (Sigue el Llamado)

¡Nuestro objetivo es alentar a los pastores a invertir en líderes emergentes y levantar hombres para dirigir en cada iglesia!

El 98.2 % de los pastores cree que es importante crear una cultura de desarrollo de hombres como líderes en su congregación.

Declaración de misión de «Follow the Call» (Sigue el Llamado)

Follow the Call se dedica a capacitar a los hombres para que sigan el llamado de Dios en su corazón y puedan así realizar el ministerio como pastores, predicadores y maestros de la Palabra y como mentores de líderes emergentes.

Llamar a los llamados comienza con los líderes ministeriales; es por eso que creemos que es imperativo que los pastores sean intencionales para formar hombres que sean líderes en su iglesia. Proporcionamos una plataforma para reforzar la capacidad del pastor local para identificar líderes emergentes y ponemos al alcance recursos para entrenar, orientar y cuidar a estos líderes. Nuestros esfuerzos implican un enfoque integral con el fin de involucrar a líderes de la iglesia local tales como pastores, líderes de asociaciones y líderes de convenciones para que cooperen juntos. Nuestros esfuerzos así mismo tienen en mente reforzar la iglesia en el proceso de desarrollar hombres que luchan con el llamado al ministerio. Creemos en la importancia de fomentar las relaciones en un contexto regional donde las iglesias se ayudan mutuamente.

Grupo Irreprensible

Nuestro enfoque está en **nutrir a los líderes emergentes** dentro de la comunidad de la iglesia local y sentimos que esto se logra a través de la identificación, la tutoría y el cuidado de aquellos que sienten un llamado al ministerio. Una herramienta fundamental comprobada para lograr esta importante misión es caminar junto a un grupo de hombres y ayudarlos a dar los próximos pasos a medida que disciernen el llamado al ministerio. Esta es una metodología probada para invertir en los hombres, y Tim LaFleur la ha llamado «Grupo Irreprensible».

Un Grupo Irreprensible consiste en un pastor o líder de ministerio que camina junto a tres o más hombres que luchan con el llamado al ministerio. El grupo se reúne de manera constante durante diez a doce semanas, durante las cuales a los hombres se les asigna un libro para leer sobre liderazgo espiritual o discipulado. Cada semana discuten la lectura asignada, hablan sobre lo que está sucediendo en su caminar spiritual y en su vida cotidiana, y oran unos por otros. A medida que avanzan en este proceso, también se les asigna una Escritura en una de las Epístolas Pastorales para que desarrollen un sermón expositivo y lo presenten al grupo. Esto puede parecer un proceso básico; sin embargo, proporciona una plataforma donde los hombres comienzan a descubrir si su llamado es verdaderamente de Dios y algo que deben seguir o continuar discerniendo.

Hemos descubierto que en algunas situaciones, una excelente manera de formalizar este proceso es a nivel asociativo. Aquí es donde los líderes de la asociación son parte integral para alentar a los pastores a invitar a los hombres a ser parte del proceso del Grupo Irreprensible. Esto es especialmente útil, ya que varios pastores se involucran en el proceso, proporcionando una mayor variedad de perspectivas y conocimientos a los aprendices. Un ejemplo sería que se asignaran cuatro pastores para guiar y facilitar el grupo, y cada pastor tomaría la iniciativa durante un período de tres semanas. Esto es ventajoso por varias razones. Proporciona estructura para todos los involucrados, fomenta la cooperación entre pastores y crea una cultura de hacer discípulos para los líderes emergentes dentro de una asociación. Una consideración clave para este enfoque es que muchos líderes de asociaciones tienen una gran experiencia ministerial. Su liderazgo proporciona la seguridad de que a los aprendices que participen se les brindará un sólido entorno de aprendizaje espiritual.

Como parte de nuestra investigación, les pedimos a los pastores en una conferencia de liderazgo reciente que completaran una encuesta (ver Apéndice 4), y los resultados proporcionan una fuerte evidencia de que los pastores de las iglesias locales darían la bienvenida a este enfoque en su asociación de iglesias. Aquí hay un par de preguntas y las respuestas recibidas:

- *¿Estaría dispuesto a colaborar en un proceso donde se ofrezca (a través de su asociación o de un grupo de líderes de diferentes iglesias en su área geográfica) mentoría o discipulado para que los hombres sepan cuáles son los siguientes pasos a seguir?*

El 90.2 % de los encuestados dijo: «¡Sí!». Este nivel de respuesta proporciona una fuerte evidencia de que muchos pastores están dispuestos a cooperar con otros líderes de la iglesia dentro de su geografía para guiar a los líderes emergentes. Una vez implementado, creemos que el proceso del Grupo Irreprensible se convertirá en un esfuerzo continuo una o dos veces al año y proporcionará continuidad para el desarrollo del liderazgo y el crecimiento de la iglesia dentro de las asociaciones locales.

- *¿Es importante para su iglesia crear una cultura donde los hombres se puedan desarrollar como líderes?*

El 98.2 % dijo: «¡Sí!». Es por eso que creemos que es tan esencial proporcionar la plataforma del Grupo Irreprensible a la iglesia como un medio para caminar juntos y desarrollar líderes emergentes. No todos están llamados a ser pastores, pero muchos están llamados a liderar en una variedad de roles para llevar a cabo el llamado que Dios les ha dado. Es a través de este proceso que algunos que inicialmente pueden sentirse llamados al ministerio y realmente lo disciernen se dan cuenta de que están llamados al ministerio, pero no necesariamente al ministerio vocacional como pastor o misionero.

Proporcionar una plataforma de recursos

Uno de nuestros principales objetivos es ser un recurso para todo lo relacionado con el llamado al ministerio. En un esfuerzo por lograr este objetivo, hemos desarrollado **FollowtheCall.org**. Este portal en línea proporciona una lista de recursos de lectura relacionados con el llamado al ministerio, el desarrollo de disciplinas espirituales, el discipulado y el evangelismo, así como el liderazgo, la predicación, la revitalización de la iglesia y la navegación por las decisiones de la «mediana edad». Esperamos que este recurso sea útil para ayudar a los pastores a proporcionar un lugar para aquellos que están dando pasos en este sentido, y que lo utilicen como un centro de conocimiento.

Más allá de los recursos de lectura, hay testimonios en video de una variedad de pastores y líderes ministeriales para ayudar a quienes están en el proceso del llamado a identificarse con hombres que pueden tener experiencias similares a las suyas. También se proporciona una variedad de perspectivas para comprender mejor los pasos involucrados en el periodo de discernimiento. Estos testimonios están en varios idiomas, incluidos inglés, español, árabe y coreano. También hemos destacado una variedad de seminarios e instituciones de aprendizaje para facilitar la exploración de opciones para aquellos que desean avanzar en su educación.

Programas

Follow the Call (Sigue el Llamado) está desarrollando una plataforma de oradores calificados para predicar en las iglesias locales, compartir en reuniones y conferencias de asociaciones, con el fin de fomentar el desarrollo del liderazgo y promover programas de discipulado que alienten a los hombres que sienten un llamado al ministerio y ayudarlos a dar pasos. Nos encantaría tener la oportunidad de conectarnos con aquellos que aspiran a ser hombres clave para ayudar a nuestra causa, y también agradecemos la oportunidad de conectarnos con tu iglesia o asociación local.

Estamos disponibles para compartir en conferencias de tu iglesia local o asociación sobre los temas de desarrollo, equipamiento y empoderamiento de líderes emergentes dentro de la iglesia. Algunos de los temas del programa y los puntos clave que enfatizamos incluyen:

Desarrollo de líderes emergentes

- Se destaca la importancia de identificar y nutrir a los líderes potenciales dentro de la congregación.
- Se comparten estrategias prácticas para identificar las cualidades de liderazgo en las personas.

- Se discute temas sobre la tutoría, la capacitación y la experiencia práctica como componentes esenciales del desarrollo del liderazgo.

Discipulado de creyentes para que crezcan en la fe

- Se hace hincapié en el papel del discipulado en el crecimiento espiritual.
- Se anima a los creyentes a participar en relaciones intencionales donde puedan ser asesorados y desafiados.
- Se habla sobre la importancia de estudiar la Palabra de Dios, la oración y la comunidad para fomentar la madurez en la fe.

Entrenamiento y mentoría

- Se explica la diferencia entre «entrenamiento» y «mentoría».
- Se proporcionan ejemplos de relaciones efectivas de entrenamiento y mentoría.
- Se animan a los pastores y líderes a invertir tiempo en guiar y apoyar a otros.

Cuidado de líderes emergentes

- Se abordan los desafíos y presiones que enfrentan los líderes emergentes.
- Se discute la importancia del apoyo emocional y espiritual.
- Se fomenta una cultura de gracia, responsabilidad y aliento dentro de la iglesia.

Nuestra oración es que tu pasión por levantar líderes inspire a otros a hacer lo mismo. Esperamos que le extiendas una invitación a nuestra organización para transmitir este mensaje. ¡Nos encanta alentar y equipar a otros pastores y creyentes para que inviertan en la próxima generación de líderes!

Palabras finales

Todos los creyentes estamos caminando juntos en este momento y hemos sido bendecidos por Dios para conocer a Jesús como nuestro Salvador. Ha habido muchos discípulos a lo largo de los siglos que han discipulado a otros y han continuado pasando la antorcha para liderar la iglesia.

En este momento, en nuestro país y en nuestro mundo, parece que más que nunca necesitamos redoblar esfuerzos para desarrollar líderes y levantar hombres para el pastorado. Cada pastor debe capacitar a otros hombres para que sean maestros en la iglesia. *Tenemos un mandato bíblico muy claro.* La instrucción del apóstol Pablo a Timoteo se aplica a todos los pastores: «Lo que me has oído decir en presencia de muchos testigos, encomiéndalo a creyentes dignos de confianza, que a su vez estén capacitados para enseñar a otros» (2 Timoteo 2:2).

¿Nos ayudarás a «encender muchos fuegos» animando a hombres para sigan el llamado?

Sobre los autores

Rob y Tim tienen en su corazón ayudar a quienes desempeñan el papel de pastores, tanto de tiempo completo como bivocacionales, a identificar y asesorar a líderes emergentes. Tienen un fuerte deseo de ayudar a la iglesia a levantar una nueva generación de hacedores de discípulos, evangelistas, pastores y maestros de la Palabra.

Tim Lafleur

Tim LaFleur se desempeña como director de formación espiritual para Follow the Call Ministries (Ministerios Sigue el Llamado). Tim ha servido en una variedad de roles ministeriales, desde el entorno de la pequeña iglesia hasta la megaiglesia. Sirvió veinte años como ministro del campus en la Nicholls State University (Universidad Estatal de Nicholls) en Thibodaux, Luisiana. Sus dos asignaciones anteriores en iglesia fueron en la Iglesia Bautista Brainerd en Chattanooga, Tennessee, y en la Iglesia Bautista Long Hollow en Hendersonville, Tennessee. Actualmente, se desempeña como pastor equipador en Living Word Church (Iglesia Palabra Viva) en Houma, Louisiana. Recibió su licenciatura en la Louisiana State University (Universidad Estatal de Luisiana) y su Maestría en Divinidades en el Southwestern Baptist Theological Seminary (Seminario Teológico Bautista del Sudoeste).

Rob Millman

Rob Millman se desempeña como director ejecutivo de Follow the Call Ministries (Ministerios Sigue el Llamado). Rob ha desempeñado muchos roles en la iglesia, desde maestro de escuela dominical y anciano hasta líder laico congregacional. Profesionalmente, ha enseñado agricultura en la escuela secundaria y ha trabajado en múltiples roles como gerente de ventas profesional para compañías de semillas regionales y nacionales. Se ha dedicado a la intermediación inmobiliaria durante más de veinticinco años. Actualmente opera una oficina de bienes raíces en Indiana. Rob recibió su licenciatura de Purdue University (Universidad Purdue) y una Maestría en Ministerio Cristiano de Liberty University (Universidad Libertad).

CUANDO DIOS TE LLAME, ¡DILE QUE SÍ!

www.ingramcontent.com/pod-product-compliance
Lightning Source LLC
Chambersburg PA
CBHW070151100426
42743CB00013B/2877